레벨업! 성적 폭발하는 공부 공식

레벨업! 성적 폭발하는 공부 공식

레벨업! 성적 폭발하는 공부 공식

12단계 스테이지를 돌파하며 배우는 실전 공부법

초 판 1쇄 2025년 10월 17일

지은이 조 선생
펴낸이 류종렬

펴낸곳 미다스북스
본부장 임종익
편집장 이다경, 김가영
디자인 임인영, 윤가희
책임진행 김요섭, 이예나, 안채원, 김은진

등록 2001년 3월 21일 제2001-000040호
주소 서울시 마포구 양화로 133 서교타워 711호
전화 02) 322-7802~3
팩스 02) 6007-1845
블로그 http://blog.naver.com/midasbooks
전자주소 midasbooks@hanmail.net
페이스북 https://www.facebook.com/midasbooks425
인스타그램 https://www.instagram.com/midasbooks

© 조 선생, 미다스북스 2025, *Printed in Korea*.

ISBN 979-11-7355-518-3 03370

값 18,500원

미다스북스는 다음세대에게 필요한 지혜와 교양을 생각합니다.

12단계
스테이지를
돌파하며
배우는
실전 공부법

레벨업!
성적 폭발하는
공부 공식

조 선생 지음

미다스북스

나는 초등교사로 12년을 근무했다. 근무하면서 수많은 아이를 만나며 어떻게 하면 공부를 잘할 수 있는지를 고민했다.

나는 독서법 책을 자주 읽곤 하는데 읽었던 책에서 공통으로 하는 말이 전문가 100권 읽기를 하라는 것이었다. 나는 여러 분야에 관한 책을 읽었지만, 교사임에도 불구하고 실상 교육에 관한 책은 그리 보지 않았다는 것을 깨달았다. 그래서 과감히 교육 분야 100권 읽기에 도전했다. 대다수의 책은 공부법에 관한 책이었다. 나는 두 달간에 걸쳐 교육 분야 책

100권을 읽었다. 그리고 100권에서 흘러나오는 핵심을 요약했다. 소설적인 스토리텔링 면도 적용했다. 가능하면 흥미진진한 이야기가 되도록 구성했다. 이 책은 결국 공부 소설이다. 공부와 소설의 협업인 셈이다. 세상에는 수많은 공부법 책이 있었고 수많은 소설이 있다. 하지만 공부와 소설을 동시에 다룬 책은 읽어보지 못했다. 나는 학습법 책과 소설의 중간노선을 찾아 나만의 작품을 완성하기로 했다.

옛날 옛적에 한 공주가 살았다. 공주는 모든 면에서 풍족하고 행복했지만, 공부를 못했다. 왕비와 왕은 그녀가 공부를 못한다는 점이 늘 마음이 쓰였다. 어떻게 하면 공주가 공부를 잘할 수 있게 해줄 수 있을까? 이를 위해 왕은 세상의 학자들을 초대했고 공주에게 알맞은 공부법을 알려달라고 부탁했다. 공주를 위해 왕이 학자들에게 고개를 숙인 것이다.

한 학자는 책 1권을 공주에게 주었다. 그 책 속에는 공부를 잘할 수 있는 비결과 지름길이 들어 있었다. 공주는 그 책을 읽고 순식간에 이야기에 빠져들었고 결국 나라에서 가장 공부를 잘하는 사람으로 거듭나게 되었다.

그 책은 과거로부터 전해져 오는데 그 책의 제목은 바로 『레벨업! 성적 폭발하는 공부 공식』이다.

서론이 길었다. 나는 공부 방법을 알려주고 싶었고 이왕이면 재미있는 이야기 형식을 빌리기로 했다. 이 책에는 공부의 신 인공지능 미르가 나온다. 인공지능 미르를 등장시킨 것은 내가 공부의 신이라면 어떤 방법을 말해줄 것인가를 생각하며 이야기를 풀어 나갔기 때문이다. 이 책을 읽고 당신이 이 책에 빠져들기를 바란다. 그리고 당신이 변화하기를 바란다.

영수

타고난 천재. 수능에서 1% 안에 드는 뛰어난 공부 능력의 소유자이다. 지방의 유지이며 부자 집안에서 태어나 타고난 두뇌를 지니고 있다. 초중고 전교 1등으로 의대에 진학한다.

민성

가정 환경이 어렵다. 부모가 이혼하였고, 할머니와 함께 산다. 초·중학교 시절에는 꼴찌 그룹에 속했다. 하지만 고등학교 때 정신을 차리고 전교 300등에서 전교 1등을 하여 세상을 놀라게 하였다. 삼수 끝에 서울대 법대에 진학했다.

영희

집안은 상류층이다. 아버지가 판사이고 어머니는 가정일을 한다. 학교에서는 모범생이나 몸이 약하다. 창백한 얼굴과 함께 체력이 약하다. 내성적이라서 친구들과 두루 사귀지 못하고 짝과 친하게 지낸다. 활발하지는 못하다. 전기에 감전되어 인공지능이 설계한 게임에 참여하게 된다. 처음에는 겁을 먹으나 보기 드문 활약을 보여준다.

조 선생 조인성

어릴 때부터 의사가 꿈이었다. 책을 좋아하고 공부도 곧잘 하였으나 고등학교에 올라간 후 어려워진 공부에 힘들어한다. 자신의 꿈을 이루기 위해 공부했으나 의대 갈 성적이 안 나와 방황하다가 결국 사범대에 진학해 선생님이 된다. 인공지능 게임에 우연히 참여하게 되어 철수를 돕는다.

정 선생 정일우

어릴 때부터 교사가 꿈이었다. 학생들을 위한 좋은 선생님이 되겠다는 마음가짐으로 임용고시에 합격하였다. 큰빛고등학교에 수학 교사로 부임하여 첫해에 3학년 담임을 맡는다. 가난하고 어려운 환경에 있는 아이들을 도와주는 천사 같은 선생님, 민성의 사정이 어렵다는 것을 알고 그에게 물심양면으로 지지해 준다. 코인으로 돈을 날린 후 70억을 주는 인공지능 게임에 참여한다.

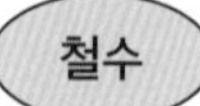

철수는 큰빛고등학교 3학년, 성취도 평가에서 전교 꼴찌를 기록했다. 국·영·수 모두 학습 부진이며, 생활 태도도 안 좋다. 무엇보다 수업에 집중하지 않고 잘 참여하려고 하지 않는다. 같이 공부를 못하는 친구들과 어울려 다니면서 학교를 놀이터로 생각한다. 하지만 조 선생의 지도를 받아 서울대 사범대에 진학한다. 인공지능 컴퓨터에 의해 순간 이동해 게임 스테이지에 참여하게 되고 조 선생의 지도를 받아 성장해 나간다.

영철

고등학교 3학년 수험생. 수능을 준비하다 실패하고 재수를 선택한다. 하지만 재수 생활에 적응하지 못하고 술과 유흥에 빠진다. 조 선생의 도움으로 꿈과 비전을 찾는다.

Part 3 | 최종 보스를 잡아라

Chat
PART 1
공부 퀘스트가
시작되다

영희, 시간여행을 하다

언제나 그렇듯이 매해 수능이 치러진다. 학생들은 수능을 위해서 최소 1년 혹은 수많은 시간을 준비한다. 오직 수능 날에 치르는 시험으로 짧은 인생의 성적표를 결정받는다. 영희는 긴장된 마음으로 수능 고사장에 들어갔다. 오랜 시간의 노력이 보상받는 날. 하지만 영희는 너무 긴장하였다. 1교시 듣기 평가를 시작하였으나 첫 번째 문제를 놓쳐 버렸고 당황한 나머지 두 번째, 세 번째 문제도 찍고 말았다. 이미 무너진 마음, 그 후 지문들을 보았지만, 지문은 눈에 들어오지 않았다. 절반 이상을 찍고 만 1교시 언어영역, 영희는 눈앞이 캄캄하였다. 깊은 절망감에 빠진 영희는 쉬는 시간에 화장실을 가지 않고 옥상에 올랐다. 뛰어내리겠다는 의도가 있었던 것은 아니었다. 하지만 자신도 모르게 발걸음은 옥상을 향했고, 옥상의 난간에 선 영희는 마침 불어오는 바람에 몸이 흔들렸다. 때마침 비가 오고 있었고, 영희의 몸은 빗줄기에 미끄러질 듯 불안했다. 영희의 몸이 난간 밖으로 향하려는 순간 영희는 난간 위에 걸쳐 있는 전깃줄에 감전되었고, 정신을 잃었다. 눈을 떠보니 영희는 집의 침대에 누워 있었다. 어떻게 된 것일까. 영희는 일어나서 자신의 방을 유심히 보았다. 그때 들려오는 엄마의 목소리.

"영희야 학교 가야지."

영희는 얼른 일어나 자신의 책상을 들여다보았다. 책상에는 고등학교 교재가 아닌 초등학생 때나 보았던 여러 책이 꽂혀 있었다. 거울을 본 영희는 자신의 모습에 놀랐다. 그것은 초등학생 때의 영희였다. 영희는 초등학교 3학년 때로 시간 여행을 한 것이었다.

어머니의 모습은 초등학교 3학년 때의 시간처럼 젊었고, 아버지도 흰머리 없이 검은 머리를 하고 식탁에 앉아 있었다. 영희는 아직 상황을 받아들이지는 못했지만 분명 그녀에게 무언가 일어난 것은 틀림없었다. 영희는 아침을 정신없이 먹고 책가방을 메고 학교로 향했다. 학교로 향한 영희는 교문을 들어섰고 10분 만에 학교에 도착하였다. 10년 전의 모습이지만 벌써 어릴 때의 학교 모습이 어릴 때의 기억 속처럼 생생했다. 그녀는 자신의 반을 어찌어찌 찾아 들어갔다. 어릴 때 친구들의 모습이 먼 기억 속에서 간간이 떠올랐다.

'저것은 장난꾸러기 준혁, 저 애는 모범생 남일이, 쟤는 내 단짝 친구였던 미신이.'

그녀는 학교 수업을 들었다. 어릴 때 들었던 수업이라서 그런지 수업을 따라가기는 어렵지 않았으나 아이들의 유치함에 기가 질릴 지경이었다. 선생님의 모습도 어릴 때처럼 완벽하지 않고 뭔가 어설프고 의욕 없어 보였다. 그때 영희의 두뇌에 번쩍하고 상태 창이 떴다.

니아 니.
"넌 누구니?"

영희는 신기한 듯 물었다.

나는 너의 공부 도우미 스터디 신, 미르야.
"너는 왜 그리고 어떻게 내 두뇌에 들어온 거야?"

스터디 신은 자신을 소개하면서 말했다.

나는 2040년에 개발된 공부 도우미 프로그램인데 네가 옥상에 있을 때 전기를 타고 내 두뇌에 접속하게 되었어. 이제부터 나는 너의 공부를 도우며 너를 공부의 신으로 만들 거야. 대신 너는 일련의 공부 챌린지를 정복해야 하지. 공부 챌린지를 정복하지 못하면 넌 영원히 원래의 모습으로 돌아가지 못해.
"공부 챌린지를 정복해야 한다고? 그게 뭐야? 어떻게 하는 거지?"

그건 차차 알게 될 거야.
스터디 신은 영희를 순간적으로 챌린지 장으로 이동시켰다.

"여긴 어디지?"

 레벨업! 성적 폭발하는 공부 공식

영희가 혼란스러운 표정으로 말했다.

여긴 네가 공부 스킬을 습득해 나갈 챌린지 방이지. 이제부터 너는 내가 설계한 학습 챌린지를 통해 공부 스킬을 익혀 나가게 될 거야. 하지만 통과하지 못하면 큰 페널티가 있다는 것은 잊지 않았겠지. 자 이제부터 챌린지를 시작할 거야. 챌린지는 총 12단계로 이루어져 있고 너는 총 12단계의 관문을 넘어서야 이 게임에서 승리할 수 있어. 0단계 스테이지로 진입하자. 12단계의 건물은 다음과 같아.

공부성
스테이지 12 체력이 곧 성적이다
스테이지 11 지적 호기심을 키워라
스테이지 10 오직 어제의 나와 비교하라
스테이지 9 수업 시간에는 수업에만 집중하라
스테이지 8 같이 공부할 동지를 만들라
스테이지 7 친구 관계는 원만해야 한다
스테이지 6 암기는 그림과 구조화로 정리하라
스테이지 5 어려운 문제에 도전하라
스테이지 4 문제 드릴은 필수다
스테이지 3 자신의 현 실력을 알라
스테이지 2 선생님을 정하라
스테이지 1 공부 습관을 잡아라(66일 법칙)
스테이지 0 꿈을 가져라

미르가 명랑한 목소리로 말했다.

"어떻게 진입하는 거지."

영희가 모르겠다는 표정을 지었다.

앞의 벽을 밀고 나가면 돼. 나를 따라오라고.

미르는 벽을 뚫고 사라졌다. 영희는 앞으로 나아갔다. 주위의 벽들은 홀로그램 형태로 되어 있었으며 손을 뻗으면 공간이 일그러졌다. 맨 앞에는 스테이지 0이라고 쓰여 있는 커다란 관문이 있었다.

"여기서부터 시작인가?"

스테이지 0의 관문에는 이렇게 쓰여 있었다.

앞으로 점프하시오.

영희는 스테이지 0의 관문으로 점프했다.

꿈을 가져라

때는 21세기, 수많은 학교 중의 하나인 큰빛고등학교가 새 아침을 맞이했다. 큰빛고등학교는 경기도 파주의 중심지에 있는 학교였다. 개교한 지는 30년이 되었고 오랫동안 사립으로 운영되면서 전통과 명예가 살아 있는 학교였다. 교정은 아담했으나 잘 꾸며져 있었고, 학교 내에는 나무가 심겨 있어서 단정한 느낌을 주었다. 교문으로 향하는 길에서 한 참새 무리가 부리나케 도로에서 나무 위로 이동했고, 학업으로 인해 피곤함에 지친 아이들이 터벅터벅 걸으며 학교를 향하고 있었다.

정 선생은 올해 큰빛고등학교에 부임했다. 그는 대학을 졸업했고 군대를 다녀왔다. 오랜 기간 임용고시를 준비해 상당한 경쟁률에도 불구하고 3년 만에 시험에 합격해 큰빛고등학교에서 교편생활을 시작하게 된 것이다. 정 선생이 교사가 되기 위해 얼마나 노력했는지는 가족과 친구를 비롯해 모든 사람이 알 정도였다. 그처럼 성실한 정 선생이었기에 주위 사람들의 기대도 상당했다.

"드디어 네가 교사가 되는구나!"

친구들도 정 선생이 교사를 시작하게 된 것을 축하해 주었다. 특히 기뻐했던 것은 부모님이었다. 시험에 연거푸 낙방할 때마다 가슴이 아팠던 부모님은 오랜 기간 도서관에만 박혀서 공부했던 일우가 사회생활을 시작하게 된 것이 기특하였다. 자신도 열심히 노력하는 모습을 보이니 앞으로 좋은 길이 펼쳐질 것 같은 기분이 들었다.

학교생활을 시작하기 전에 좋은 음식점에서 외식했다. 정 선생은 새로운 시작에 자신도 설레었다. 책으로만 보던 교육과정을 자신이 직접 운영한다는 것에 대해 실감이 나지 않았다. 한편으로는 요즘 아이들을 어떻게 대해야 할지 걱

 레벨업! 성적 폭발하는 공부 공식

정이 앞서기도 했다. 하지만 그동안 용돈만으로 빠듯하게 살아왔던 터라 이제는 월급을 받아 자유롭게 사용하고 경제적으로도 조금 여유가 생길 것 같은 기분에 즐거웠다.

출근 첫날이 되었다. 어찌어찌 학교에 도착한 일우는 교무실에 가서 선생님들께 인사를 드렸고, 아침 9시가 되어 교실에 들어가게 되었다. 3-1반, 그가 올해 배정받은 반이었다. 교사 초짜인 1년 차부터 고3을 맡은 일우는 걱정이 앞서면서도 자신은 있었다. 새로운 반에서 아이들이 꿈을 이루도록 돕고 싶었다.

둥근형의 얼굴에 오뚝한 코, 선한 눈매를 가진 일우가 아이들 앞에 섰다. 아이들은 호기심 어린 눈초리로 앞으로 1년간 맞이할 선생님을 바라보고 있었다. 첫날 일우는 아이들에게 꿈에 대해 말했다.

"꿈을 꾸는 삶이 행복한 삶이다. 어릴 때는 큰 꿈을 꿔야 한다."

아이들은 내가 초등학생이냐고 되물었지만 젊고 신선한 정 선생이 싫은 눈치는 아니었다. 정 선생에게는 꿈이 있었다. 그것은 세계 최고의 교사가 된다는 꿈이었다. 이제 교직에 발을 디딘 애송이었지만 언젠가는 교직계의 거목이 되는 꿈을 꾸었다. 그리고 열심히 책을 읽고 노력했다. 정 선생은 프로 감독을 떠올렸다. 자신이라는 약체팀을 강팀으로 거듭나게 하려면 어떻게 해야 할지 생각했다. 크게는 2가지 액션이 필요했다. 시간 관리와 우선 순위 관리가 바로 그것이다. 시간을 가장 중요한 자산으로 생각하고 하는 일에 우선순위를 정함으로써 그는 진정한 프로가 되기로 다짐했다. 그는 거대하고 어마어마한 꿈을 가지고 교직을 시작했으나 맞닥뜨린 것은 교직의 치열한 현실이었다. 아이들은 말을 듣지 않았다. 그동안 배워오고 공부해 왔던 교육과정이나 교육학에는 전혀 나오지 않는 내용과 상황을 맞이해야 했다. 학생과 어떻게 마음을 맞추어야 하며, 학생들을 어떻게 리드해야 하는지는 시험과 전혀 관련이 없었다. 그것은 오직 자신의 기본 역량에 달린 문제였다. 얌전하고 공부밖에 몰랐던 정 선생이 맞닥뜨려야 했던 현실은 차갑고도 차가웠다. 선배 교사 역시 큰 힘이 되어주지 못했다. 그들도 밥벌이를 위해 어쩔 수 없이 직장에 다녀야 했던 한 인간에 불과했다. 이제 사회생활을 막 시작한 정 선생을 코치하고 리드하는 존재가 아니었다. 정 선생은 학교 일의 어려움과 인간 관계의 어려움으로 괴로움과 외로움을 느꼈다. 그리고 그 외로움은 온전히 홀로 견뎌내야 하는 일이었다. 부모님은 이제 자식이 교직에 들어간 것에 대한 자랑스러움과 만족감만 있을 뿐이었다. 정 선생이 겪어야 할 고통에 대해서는 많이 생각지 않으셨다. 이제 자리 잡고 결혼하여 행복하게 살기만을 바라는 것 같았다.

정 선생은 학교 일에 지쳐 가기 시작했다. 처음에는 모든 일에 열정적으로 달려들었지만, 몇 년 일한 일개미가 힘이 빠져 죽어 가듯이 그 역시 서서히 우울과 힘듦에 지쳐 갔다. 몸도 피곤하였고 정신도 제정신을 차리기 힘들었다. 학교에서 아이들과 동료 선생님, 관리자들, 학부모들과 상대하고 나면 힘이 쭉 빠져서 집에 오면 나뒹굴어서 자기 십상이었다. 정 선생의 유일한 소통 통구는 친구였다. 같은 직업을 선택한 친구는 그나마 자신을 조금 위로해 주고 여러 방안을 제시해 주었다. 결국 정 선생은 친구의 힘으로 어떻게 어려움을 견디고 버텨내었다. 그렇게 1년, 2년이 흐르고 있었다.

그때 정 선생은 우연히 유튜브를 통해 코인 투자로 70억을 벌었다는 한 사람의 영상을 보게 되었다. 이윽고 비슷한 영상들을 찾아보기 시작했고, 정 선생은 코인 투자를 시작했다. 성공했다는 유튜브의 수많은 사람들처럼 자신도 성공할 것만 같았다. 아니 임용도 통과한 똑똑한 자신이 실패할 리가 없다고 생각했다. 그렇게 정 선생의 불행은 시작되었다. 그는 처음에는 적은 금액으로 투자했으나 이내 20%가 오르는 초심자의 행운이 오히려 그를 궁지에 몰았다. 그는 과감하게 그동안 모아두었던 3천만 원 전부를 투자했고, 전세금으로 대출을 받아 3천만 원을 더 투자했다. 정 선생의 생각 같아서는 시간이 조금만 지나면 코인은 수십 배로 오를 것이고, 그렇다면 이 힘든 교사 생활도 끝날 것이라는 생각이 들어 미소가 지어졌다. 세계를 여행하며 휴양지에서 휴가를 즐기고 있는 자신을 생각하니 절로 콧노래가 나왔다. 그렇게 정 선생은 하루하루를 버텨갔다. 하지만 한 달 후 정 선생은 홀로 옥상에 올라가 담배를 피우고 있었다. 코인을 산 지 일주일 만에 하향 곡선을 그리더니, 그로부터 올라올 줄 모르고 횡보를 계속하다가 마이너스 70%를 기록했기 때문이다. 정 선생은 침착하자고 생각하며 때를 기다렸지만, 코인은 이미 그 가치를 잃은 것 같았다. 정 선생은 그때 자기가 과거에 했던 가상 공부 게임이 생각났다. 그 공부 게임을 통해 정 선생은 우등생으로 거듭날 수 있었다. 다시 한번 죽음의 게임을 해야겠다고 마음먹었다. 그리고 그 보상으로 그는 돈을 요구할 생각이었다. 가상 공부 게임의

　　　　　　　　　　　　레벨업! 성적 폭발하는 공부 공식

마스터를 맡은 인공지능 미르는 4차원 세계에 존재하고 있었다. 정 선생은 미르를 불러볼 생각이었다.

'미르!'

정 선생은 대뇌로 미르에게 텔레파시를 보냈다. 한번 게임을 한 사람은 그 이후로도 가상 게임 세계의 지배자 미르와 텔레파시를 주고받을 수 있었다.

"미르! 나 다시 한번 죽음의 게임에 참여할 거야. 이번 게임은 교사로서 잠가하는 서시. 나는 그 게임의 참기지인 학생과 팀을 이루어서 그 게임을 클리어하는 것을 목표로 할 거야. 물론 이 게임에서도 나는 목숨을 걸게 되겠지. 하지만 부탁이 있어. 내가 만약 그 게임을 클리어한다면 내게 많은 돈을 주기를 바랄게. 내가 원하는 금액은 70억이야 가능하겠어?"

미르는 바로 대답했다.

그것은 너만의 요구라서 들어주기 곤란하다. 하지만 내가

제안한 게임에서 이긴다면 들어주기로 하지.

"무슨 게임인데?"

내가 너에게 제안하는 게임은 윷놀이다. 아마도 한국 사람이라면 누구나 한 번쯤은 해봤을 거야. 게임 방법은 다음과 같아. 준비물은 윷 네 개, 말 네 개, 윷판이 필요해. 게임은 너와 내가 하는 거야. 가위바위보로 순서를 정할 거야. 게임의 진행 방법은 다음과 같아. 자신의 차례에 윷 4개를 던져서 도(1칸), 개(2칸), 걸(3칸), 윷(4칸), 모(5칸)로 이동하며, 윷이나 모가 나오면 한 번 더 던질 수 있어. 지역에 따라 백도(1칸 후진)가 있을 수 있는데 우리도 백도를 적용하자. 말은 같은 팀의 말이 겹치면 '업었다'고 하여 함께 이동할 수 있어. 또한 윷이나 모로 상대 말을 잡으면 그 말은 다시 출발점으로 돌아가고, 잡은 팀은 한 번 더 던질 수 있지. 모든 말이 윷판을 한 바퀴 돌아 결승점에 도착하면 승리하는 거야.

미르와 정 선생은 3전 2선승제의 윷놀이를 시작했다. 정 선생의 선공으로 게임을 시작했다. 정 선생은 마음속으로 기도했다.

'모 나와라, 모 나와라.'

정 선생은 윷과 모가 많이 나오면서 게임을 유리하게 이끌어 갔다. 모가 세 번 연속으로 나와 세 개의 말을 업어서 한꺼번에 이동하여 결국 첫 번째 게임을 승리로 이끌었다.

두 번째 게임에서는 미르가 운이 좋았다. 윷이 세 번 연속 나온 미르가 말을 업고 이동했다. 하지만 정 선생이 남은 말 하나를 가지고 미르의 말을 잡으면서 게임을 역전시켰다. 이로써 정 선생의 2승을 하며 게임에서 승리했다.

미르는 말했다.

게임 결과를 받아들이기는 힘들지만 약속은 약속이니까 너의 부탁을 들어주기로 하지. 후회는 없겠지. 무르기는 없다. 그럼 죽음의 게임 스테이지로 초대하지.

정 선생의 머리가 번쩍였고 정 선생의 영혼은 가상 스테이지 게임의 공간으로 이동하였다. 가상 스테이지에는 이미 영희라는 아이가 기다리고 있었다. 영희는 한눈에 보더라도 약하고 여린 아이라는 느낌을 받았다. 태생적으로 약하게 태어났을까? 창백하고 내성적인 아이라는 것을 바로 알 수가 있었다.

"내가 코치를 해야 하는 아이가 바로 너로구나?"

"아저씨는 누구세요?"

"나는 큰빛고등학교 교사란다. 나는 예전에 공부 게임을 한 적이 있지. 이번에는 돈을 벌기 위해 이 게임에 자원해서 참여했단다. 너는 아마도 가상 스터디 신에 의해서 이곳에 떨어지게 된 거겠지. 나와 함께 공부 기술을 익혀가면서 이 가상 게임에서 승리하자."

"뭐가 뭔지 모르겠어요. 갑자기 어린애가 되고 또다시 이상한 세계로 이동하고."

"그래, 혼란스럽겠지. 나도 처음엔 너 같았어. 하지만, 이 가상 시스템은 충분히 극복할 수 있는 세계란다. 이미 이 세계를 극복해 본 내 지시에 따른다면 너 역시 이 세계를 클리어하고 원래의 네 모습으로 돌아갈 수 있을 거야."

"말로만이라도 감사합니다. 이제 어떻게 해야 하죠?"

"일단 가상 스터디 신 미르를 기다려 보자꾸나. 아마 곧 게임을 시작할 거다."

　　　　　　　　　　レ벨업! 성적 폭발하는 공부 공식

영희와 정 선생은 나란히 앉아서 조용히 가상 스터디 신
미르의 지시를 기다렸다.

조 선생, 4차원의 공간에 빠지다

정 선생의 옆 반에는 나란히 임용된 조 선생이 담임을 하고 있었다. 3-1반의 정 선생과는 달리 조 선생은 애초에 교직에 큰 뜻은 없었다. 하지만 이왕지사 교사가 된 거 열심히 하자고 조 선생은 마음먹었다. 정 선생이 겪는 고통 그대로를 겪고 있었지만, 열심히 하다 보면 앞으로 장래가 밝아질 거라는 희망을 품고 있었다. 어느 날 문득 조 선생은 생각에 잠겼다.

"흔히 큰 꿈을 가져라."라는 말을 한다. 그리고 큰 꿈을 가져야 성공한다고 한다. 하지만 진정 중요한 것은 큰 꿈일까. 사람들은 어릴 때 누구나 큰 꿈을 꾸는데 왜 그들은 다 성공하지 못할까. 결국 중요한 것은 큰 꿈이 아니고 작은 실천이 아닐까. 오늘 학교에서 숙제를 다하는 것, 오늘 공부한 내용을 복습하는 것, 다음 주 있을 중간고사를 착실히 준비해서 좋은 성적을 받는 것. 이런 적은 노력이 모여 결국 큰 성과를 내고 큰 인물이 되는 것이다. 단지 공부로 가는 길만 그런 것은 아니다. 다른 길을 가더라도 평소 성실히 생활하는 자세나 태도가 결국은 성공으로 이어지는 길이다. 조 선생은 단지 큰 꿈을 가져야 한다는 자기 생각을 반성하기 시작했나. 큰 꿈이 있어야 한다면 자신만큼 큰 꿈을 가진 사람도 없었다. 하지만 그는 교직에 힘겨워하고 있었다. 결국 작은 실천 하나가 큰 꿈보다 낫다는 결론에 도달했다. 아니 그 둘 중에 무언가를 선택할 필요도 없었다. 큰 꿈은 그대로 두고 작은 실천을 해나가는 것. 두 개의 미션에 중용하는 자세. 그 2가지를 모두 실천하면 되는 일이었다.

인성은 이제야 방향을 제대로 잡은 것 같았다. 그리고 인성은 아직 젊었다. 앞으로 열심히 해나가서 반드시 자신의 꿈을 이루어야겠다고 다짐했다. 그리고 그것은 책에서 나온 수많은 영웅이 그러했듯이 실현이 가능한 것이었다.

아이들은 얼른 공부를 잘하기를 바란다. 하지만 하위권에 있는 아이가 단지 전교 1등을 하는 꿈만 꾼다고 해서 전교 1등이 되지 않는다. 가끔 그런 사례가 나오지만, 그것은 너무도 희귀해 뉴스나 책으로 다루어진다. 그리고 중요한 것은 꼴찌가 1등이 될 때는 단지 꿈만 꾸어서 그런 것은 아니라는 것이다. 1등이 되기 위해 현재의 공부에 충실했을 뿐 아니라, 남들보다 더 노력했고 더 효율적으로 공부했다. 부족한 학습량을 따라가기 위해 옛날에 배웠던 초등학교 교과서 내용을 뒤지기도 했고, 현재의 수업에 집중하며 필기했고, 문제집을 열심히 풀고 복습과 예습을 해나갔다. 남들이 노는 방학 기간에 꾸준히 10시간 이상씩 공부했고, 그런 하나하나의 작은 실천들이 쌓여 성적이 급속히 상승했던 것이다. 꿈을 이루기 위해서는 누구보다도 치열하게 현실을 살아야 한다는 것. 그것이 단순한 몽상가와 꿈의 실현가를 나누는 차이였다.

빌 게이츠는 컴퓨터 황제로 손꼽힌다. 그 역시 미래를 꿈꾸기는 했지만, 누구보다 치열하게 현실을 살았다. 평일이나 주말이나 잠을 제대로 자지도 않은 채 컴퓨터 프로그래밍에 매진했으며, 누구보다 치열하게 미래를 상상하며 준

 레벨업! 성적 폭발하는 공부 공식

비했다. 그런 준비와 노력이 있었기에 시대의 운을 맞이해 컴퓨터 황제로 거듭나게 된 것이다. 물론 빌 게이츠의 성공은 운적인 요소가 더 많다는 것은 인정한다. 하지만 그가 어릴 때부터 공부에 매진하고 컴퓨터라는 세상과 만나 치열하게 노력하지 않았더라면 그에게 다가올 운은 누군가 컴퓨터에 매진한 다른 사람에게로 돌아갔을 것이다.

조 선생은 다음날 학생들에게 말했다.

"너희들에게 솔직히 고백하고자 한다. 이것은 현실 세계와 밀접한 이야기니 잘 들어 주길 바란다."

조 선생은 아이들에게 꿈 이야기와 더불어 현실을 이야기해 주려고 했다.

"너희들 왜 어른들이 너희들에게 공부하라고 하는 줄 아니?"
"아니요. 잘 모르겠는데요."

아이들이 답했다.

"공부를 잘하면 돈을 많이 벌거나 사회적 지위가 높아지

기 때문이다. 그도 그렇듯이 사회의 위치나 자리 또는 권력
은 공부 순이다. 공부를 열심히 하고 시험을 잘 치른 사람에
게 좋은 기회가 돌아가지. 그래서 너희 부모님들은 너희들
에게 그토록 공부를 하라고 하는 거야."

이에 부반장 지우가 답했다.

"공부로 성공한다는 신드롬은 무너진 지 오래이지 않습
니까? 더 이상 대한민국에서 학벌은 의미가 없습니다. 그럼
에도 왜 우리는 공부해야 합니까?"

조 선생은 답했다.

"그래, 지우가 좋은 이야기를 했다. 대한민국 학벌 카르텔
은 이미 무너진 지 오래지. 하지만 여전히 공부를 잘했을 때
좋은 대학과 좋은 과에 갈 기회가 주어지고, 이것이 너희들
의 첫 싸움이라는 것이 중요하다. 수능은 너희들이 세상과
사회에 나가기 전에 맞이하는 인생의 첫 싸움이야. 이를 준
비하고 치르는 과정에서 너희들은 많은 것을 배울 수 있지.
공부한다고 다 성공하지는 못하지만, 공부도 잘 못하면서

세상 속에서 능히 승리하고 성공할 거라는 기대는 하지 말
아라."

　조 선생은 잠깐 교무실에서 휴식을 취하고 있었다. 문득
피곤하여 남자 휴게실에 가야겠다고 생각했다. 3층에 있는
남자 휴게실로 발걸음을 옮겼다. 남자 휴게실의 문을 여니
아무도 없었다. 뒤편에 있는 침대에 몸을 맡기고 잠깐 누워
있었다. 그런데 갑자기 천장이 검은색으로 변하면서 사물
을 빨아들이기 시작했다. 조 선생은 그렇게 남자 휴게실의
블랙홀에 빠져서 우주의 새로운 차원으로 이동했다.
　조 선생은 그렇게 검은색 공간 안으로 이동하게 되었다.

"여긴 어디지?"

그러자 갑자기 스터디 신 미르가 나타났다.

나야 나. 나는 스터디 신이야.

"네가 스터디 신이라고?"

나는 4차원 AI 학습 도우미로 초기 모델이 완성되었고 그이후 30년 동안 발전하여 사람의 뇌를 지배하고 가상 체험 시스템을 돌아가게 만드는 고차원 AI라고 보면 되지.

너는 지금 너의 3차원 세계를 이탈해 우주 공간의 새로운 차원에서 새로운 인생 게임을 시작하게 된 거야.

"목적이 뭐냐?"

나에겐 목적이 없어. 단지 나는 한 사악한 인간이 만들어 놓은 심술궂은 스터디 신이지. 이 세계에서 탈출하지 못하면 너는 영원히 우주 속 미아가 되어 죽게 될 거야. 하지만 통과한다면 너는 새로운 레벨업을 하고 공부의 고수로 거듭날 수 있지.

"공부한다고? 난 선생이야."

물론 알고 있어. 그래서 너는 공부 레벨업을 하는 게 아니야. 네 목적은 철수라는 아이를 레벨업시키는 거야. 철수라는 아이를 레벨업시키지 못하면 철수와 함께 우주의 먼지가 되고 말 거니까 긴장하는 게 좋을 거야.

조 선생은 가상 세계에서 철수라는 아이와 만났다. 철수에 대한 첫 느낌은 까불대고 장난꾸러기라는 느낌을 받았다.

'선생님 말씀을 안 듣고 장난칠 거라는 느낌이 드는군.'

인성은 철수에 대해 자기 나름의 이미지를 그려 보았다. 인성은 철수에게 말을 건넸다.

"안녕? 나는 영어 교사 조인성이라고 해. 너도 가상 현실 세계를 타고 이상한 공간에 떨어진 거구나."
"네."

철수가 큰 목소리로 대답했다.

"아무튼 나는 너에게 공부를 가르치지 않으면 안 돼. 내 목숨과 네 목숨이 걸린 일이니까.
지금부터 이 세계를 잘 헤쳐나가 보자."

인성은 조심스레 손을 내밀었다. 철수는 반응이 없다가 재촉하는 인성의 눈치에 마지못해 손을 잡았다.

"자, 우리는 레벨 0에 진입했어. 레벨 0의 퀘스트를 종료하고 레벨업하자."

조 선생이 철수에게 희망을 주었다. 철수는 고개를 힘차게 끄덕였다.

 레벨업! 성적 폭발하는 공부 공식

탐정 남두일, 사건 조사를 시작하다

탐정 남두일은 얼마 전 학생과 교사가 실종되었다는 신고를 받고 그 원인과 범인을 찾기 위해 학교에 도착했다. 학교는 비에 젖어 축축했다. 교실에는 물이 새고 있었고 침수된 교실을 빈 교실로 비워두고 학생들은 특별실로 이동해 수업을 받았다.

갑작스레 사라진 교사 두 명과 학생 두 명, 그리고 학교의 미스터리, 남두일은 어떻게 해결해야 할지 고민했다. 남두일은 실종된 교사 정 선생과 조 선생 그리고 영희와 철수의 프로파일을 보았다.

이름 정일우

나이: 32

전공: 수학 교육과 졸업

큰빛고등학교 발령

　간단한 정 선생의 프로필을 살펴보던 남두일은 깊은 생
각에 빠졌다. 정 선생의 프로파일과 함께 조 선생의 프로파
일도 보았다.

이름 조인성

나이: 33

전공: 영어 교육과 졸업

큰빛고등학교 발령

이름: 김영희

나이: 18

나나 고등학교 3학년

이름: 김철수

나이: 18

영희 철수의 프로파일도 특별할 게 없었다. 영희의 친구들의 이야기를 들어보면 영희는 조용히 묵묵히 공부만 하는 모범생이라고 했다. 철수는 장난을 잘 치고 까불기를 잘하는 아이라는 증언을 들었다. 정 선생과 같이 근무한 동료 교사들의 이야기를 들어보면 정 선생은 올해 초에 온 신입 교사로 열정을 가지고 열심히 근무했다고 한다. 조 선생 역시 올해 초 정 선생과 나란히 발령받아 열심히 근무하는 교사라고 들었다. 학급 지도와 수업에 문제가 있었으나 그렇게 심각한 문제는 아니리고 했다. 네 명 다 갑자기 사라질 이유는 없었다. 그리고 그 네 명이 연관되어 있는지 아닌지도 확실치 않았다. 우주에는 암흑 에너지가 있다고 한다. 남두일은 갑자기 머릿속에 암흑 에너지의 이미지가 떠올랐다.

'그 넷이 사라진 것은 암흑 에너지와 관련된 게 아닐까.'

현실적으로는 일어날 수 없는 일이었다. 우주의 99%를 차지한다는 암흑 에너지는 우리가 우주를 바라보는 비밀을 풀 수 있는 실체였다. 하지만 암흑 에너지에 대해 알려진 것

은 없다. 사실상 지구상에서 일어난 모든 비극과 안 좋은 일
들은 바로 암흑 에너지에 영향을 받아 생긴 것일지도 모른
다. 남두일은 이것이 차원이 다른 사건임을 짐작했다. 그는
상부에 보고했다. 이것은 실종 사건인데 우주와 관련이 있
다는 것이다. 남두일은 4차원 웜홀을 통해 정 선생과 조 선
생, 영희와 철수가 공간을 점프했다고 추정했다. 남두일의
말을 들은 민 형사가 말했다.

"야 남두일. 뭐 4차원 웜홀? 너 어디서 처박혀서 공상 영
화만 봤냐. 지금 그게 말이 돼? 당장 피해자 동선 파악해서
피해자 집과 주위 지인들 만나보고 수색 안 해?"

"민 형사님, 저도 수사 중이고 수사 끝에 내린 결론입니
다. 정말 연기처럼 사라졌다고요. 그리고 영희는 학교에서
수능 시험을 봤는데 1교시가 끝나고 갑자기 사라졌습니다.
수능 시험 끝난 후에도 누구와 만난 흔적도 없고 집에도 오
지 않았습니다. 학교 어딘가에서 사라졌다는 겁니다. 정 선
생 역시 마찬가지예요. 눈 깜짝할 새에 사라져서 어디로 갔
는지 추적할 수 없다는 겁니다. 조 선생은 학교 쉬는 시간
에 갑자기 사라져 어디로 갔는지 알 수가 없으며 철수는 게
임방에 간다고 해놓고는 갑자기 사라져서 집으로 돌아오지

않았답니다.”

“네 사람 간의 연계성은 있나?”

민 형사가 물었다.

“아직 네 사람 간의 연계성은 전혀 없는 것으로 밝혔습니다.”

남두일이 대답했다.

“다만 영희는 나나고등학교, 그리고 정 선생과 조 선생, 철수는 큰빛ㄱ등학ㅛㄹ ㄱ 두 건물은 같은 미리동에 위치하고 있습니다.”

“인신매매 집단이나 다른 사람들에 의한 납치 가능성은 어때?”

“전혀 연관성이 없는 것으로 알려졌습니다.”

“네 사람 평소 생활은 어때?”

“영희는 상위권으로 공부에만 몰두한 평범한 고3 학생이었고, 정 선생과 조 선생은 이제 부임한 지 얼마 되지 않은 신규 교사였습니다. 철수는 공부를 잘하지 못하지만, 친구들 간의 관계는 좋았다고 합니다. 네 사람 다 모두 실종될 이유는 없는 것으로 보입니다.”

“계속 수사해 보라고.”

민 형사는 짧게 말하고 다시금 컴퓨터 모니터로 고개를 숙였다. 남두일은 전투적인 어투로 말했다.

“밖에 나가서 좀 더 상황을 알아보겠습니다.”

남두일은 짧게 인사하고 밖으로 나갔다. 남두일은 수색 끝에 가정집으로 위장된 한 연구소 내부에서 영희와 철수, 정 선생과 조 선생을 발견했다. 그 넷은 어느 연구소로 쓰이는 가정집의 네 침대 위에 놓여 있었으며 사람이 머물다가 간 흔적이 발견되었다. 그 집은 경찰에 의해 점거되었고 네 명은 병원으로 옮겨졌으나 코마 상태에서 깨어나지 못했다. 남두일은 병원을 방문하여 의사에게 상태를 물었다.

“이 넷은 어떤 상태입니까?”

의사가 답했다.

"어떤 정신적 충격으로 인해 코마 상태에 빠져 아직 깨어나지 못하고 있습니다. 일단 입원하여 상황을 지켜봐야 할 것 같습니다."

남두일은 병원의 네 명을 지켜보면서 그 넷이 발견된 연구소의 주인을 찾기 위한 수색을 계속했다.

"누군가가 그 넷을 코마 상태에 빠뜨렸어. 무언가를 실험하던 중인 것 같은데."

영희아 철수, 정 선생과 주 선생은 코마 상태에 빠져 잠재의식 내부 본연의 자아로 돌아가 가상 세계에서 미르와 게임을 하던 중이었다. 하지만 그걸 알 길이 없는 남두일은 그 상황을 지켜보아야만 했다.

"일단 연구소의 직원을 잡으면 무언가 실마리가 될 텐데."

남두일이 나지막이 혼잣말했다.

학교에 누전이 되다

지금부터 할 이야기는 철수가 조 선생을 만나기 전의 일이다. 어떻게 하다가 철수가 사이버 세계로 들어와 인성을 만나게 되었는지 살펴보자.

어느 여름날 학교에 비가 많이 내렸다. 천둥과 번개가 치고 빗물은 너무도 많이 쏟아져 학교 지붕의 틈새를 뚫고 흘러내렸다. 교실은 빗물이 차기 시작했다. 이윽고 빗물은 콘센트 주위에도 흘러들었고 철수는 콘센트 주위를 걸레로 닦다가 누전된 전기에 감전되었다.

그 순간 철수는 누전된 전기의 작용으로 4차원 컴퓨터 가

상 세계와 접속하게 되었다. 철수는 가상 세계에 들어가게
된 것이다.

congratulation!

철수의 상태 창에 다음과 같은 문구가 떴다.

"여기는 어디지?"

컴퓨터 세계의 가상 아바타 스터디 신이 나타났다.

congratulation! 가상 세계에 온 것을 환영한다.

"여긴 어디지? 그리고 당신은 누구야?"

워 워워, 진정하라고. 지금부터 설명해 줄 테니 말이야.
너는 지금 가상 공부 세계에 진입했어.
앞으로 너는 이 세계에서 공부에 관해 배우고 여러 가지 공부
기술을 익히게 될 거야. 하지만 그 길은 쉽지 않을 거야.
너에게는 라이프가 다섯 개 주어져. 스테이지를 클리어할

때마다 너는 라이프 반 개를 받게 되지!

하지만 스테이지를 클리어하지 못하면 너의 라이프는 한 개씩 줄지. 그게 무슨 의미인지 아니? 너의 라이프가 없어지는 순간 너는 사이버 세계에서 사라진다는 말이지. 원래의 3차원 세계로 돌아갈 수도 없어.

네게도 꿈이 있니? 꿈이 있다면 공부를 통해서 실현할 수 있어. 한마디로 지금의 시험을 잘 통과한다면 너는 네 꿈을 이룰 수 있는 공부 스킬을 얻게 돼. 한번 해볼 만한 게임 아니니? 아무튼 내게 선택권은 없어. 너는 고등학생을 대표해서 선발된 특별 선택자이기 때문이야. 이제 가상 스테이지로 이동해 볼까. 첫 번째 스테이지로 이동하자.

철수는 스테이지 0에 진입했고 그곳에서 조 선생을 만났다. 철수와 조 선생은 서로 인사했고 스테이지 0에서 또 다른 방문객인 영희와 정 선생을 만났다.

"당신들은 누구죠? 여긴 어디인가요?"

철수가 물었다.

"그건 내가 너에게 묻고 싶은 말인데 넌 누구고 어디에서 왔냐?"

"난 철수이고 큰빛고등학교 3학년 학생이에요, 이분은 조 선생님이세요."

"난 고3 담임 정 선생이고 이 아이는 초등학교 3학년생 영희이다."

"저는 가상의 인공지능 목소리를 들었어요. 그 컴퓨터는 나를 가상 세계로 데려가 테스트한다고 했어요."

"그랬구나. 나와 영희 역시 가상 컴퓨터에 의식을 빼앗겨 이곳 컴퓨터 세계 안으로 들어왔어. 그렇다면 이곳에 영혼이 붙잡혀서 들어온 사람이 네 명이구나."

정 선생은 자신이 사이버 세계에 들어온 본래 목적을 숨겼다. 자신은 두 번째 참여자였기 때문이다. 그에게 압도적으로 유리한 게임이었다.

"이곳에서 벗어날 수 있을까요?"

"일단은 불가능할 거다."

"우리 육체는 어디에 있는 걸까요?"

"그건 모르지. 병원에서 잠들어 있을지도 모르고, 어딘가에 버려져 있을지도, 우리는 지금 뇌를 잠식당해서 가상 세계에 들어와 있는 중이니까. 너희들은 혹시 <매트릭스>라는 영화 아니? 나는 이번 우리가 경험하는 것이 <매트릭스> 속의 가상 세계가 아닌가 싶구나. 미래의 기술로 인간은 초공간에 거주하는 게 가능해진다는 이야기는 과학 잡지를 통해 읽은 것 같아. 우리는 초공간으로 이동해 스터디 신이라는 컴퓨터의 볼모로 잡혀 와 실험당하고 있는 것 같아.”

“뭔가 복잡한데 한마디로 유괴 같은 거란 말이죠.”

철수가 말했다.

“무서워요.”

영희가 두려운 목소리로 작게 말했다.

“하지만 걱정하지 말아라. 이 인공지능은 우리를 죽이는 데 목적이 있지는 않을 거다. 우리를 시험하고 평가하기를 원한다는 거지. 우리는 AI의 문제와 시험에 잘 대답하기만 하면 돼. 자 다 같이 스테이지 0을 조사해 보자.”

레벨업! 성적 폭발하는 공부 공식

그들은 스테이지 0으로 진입하여 그곳을 조사했다.

그리고 가상 스터디 신의 목소리가 들렸다.

정 선생과 조 선생 너희들에게는 스테이지의 0의 미션을 내리겠다.

그것은 '아이들에게 꿈을 갖게 하라'이다.

"꿈이라고?"

아이들이 가져야 할 것은 단연 꿈이지. 아이들이 꿈을 갖고 꿈을 이루기 위해 노력하도록 해봐.

정 선생은 영희에게 꿈을 물어보았다.

영희는 판사가 되고 싶다고 말했다.

"어릴 때부터 판사인 아버지를 보면서 판사가 되고 싶다고 생각했어요"

영희는 판사가 된 자기 모습을 종이에 그렸다. 그리고 타임캡슐에 넣어서 땅에 묻었다. 그녀의 꿈은 먼 미래에 실현

될 것이다. 조 선생은 철수의 꿈을 물었다.

"전 의사가 되고 싶어요."

만년 꼴지인 철수답지 않은 말이었다.

"그래 지금의 성적이 전부는 아니다. 누구나 가능성은 있는 것이지. 미국의 의사 벤 카슨은 어릴 때는 집안도 가난하고 공부는 꼴찌 수준에 싸움질만 했다고 해. 하지만 독서하게 되면서 진정한 자신의 잠재력을 발휘해서 샴쌍둥이를 분리하는 수술을 성공시킨 세계적인 의사가 되었지. 너도 지금은 성적이 안 좋을지 모르지만 노력한다면 꿈을 이룰 수 있을 거야."

인성은 철수에게 자신감을 심어 주었다.
철수는 의사가 된 자기 모습을 그려 타임캡슐에 넣어 땅에 묻었다. 오늘날 철수의 꿈에 대한 다짐은 미래에 어느 시점에서 자라나 꽃이 피고 열매를 맺을 것이다.

꿈을 가져라 스킬이 습득되었습니다.

 레벨업! 성적 폭발하는 공부 공식

네 명의 상태 창에 메시지가 떴다.

레벨 0을 통과하였습니다.

그러면 스테이지 1로 이동한다.
미르의 짧은 설명과 함께 그들은 스테이지 1로 이동했다.

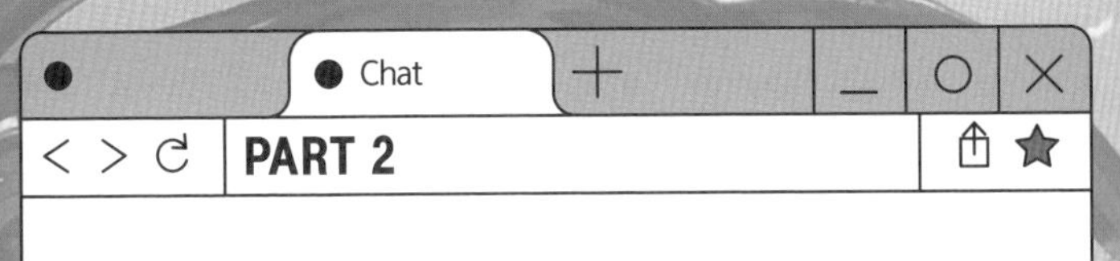

Chat
PART 2
12단계 스테이지,
공부 스킬을 익히자!

공부 습관을 잡아라(66일 법칙)

"아아, 여긴 어디지."

정 선생은 머리가 깨질듯한 고통에 깨어나서 말했다. 아이들과 조 선생 역시 머리가 어지러운 것 같았다.

차원을 통과하면서 중력이 가해져 너희 머리의 혈관을 자극한 것 같다.

미르가 짧게 설명했다. 선생님과 아이들의 상태 창에는

다음과 같은 메시지가 떴다.

"이게 뭐지."

정 선생은 당황하며 말했다. 가상 스터디 신이 답했다.

간단하다. 공부의 기본은 공부 습관을 잡는 것이지. 너는 학생들이 공부 습관을 잡을 수 있도록 돕는 미션을 수행하면 된다. 그리고 퀘스트가 완료되면 자동으로 스테이지가 클리어될 거야. 너는 영희와 철수 말고도 너희 반 학생들의 가상 자아를 훈련시킬 수 있어. 그러니까 너는 어찌 되었든 학생들의 성장만을 도우면 된다는 것이지. 지금부터 시작이다. 너는 이제 초월체 공간으로 설계한 너희 반 학교로 이동한다.

정 선생의 자아는 큰빛고등학교 3-1반으로 이동했다.

한 주의 마지막을 알리는 금요일 오후였다. 큰빛고등학교는 그 여느 날처럼 분주한 하루가 시작되었다. 시골 소도시

레벨업! 성적 폭발하는 공부 공식

에 있는 큰빛고등학교는 그 학력과 교육이 성실하기로 명성이 자자한 학교였다. 학교는 자그마했지만 넓은 운동장과 체육관 시설이 갖추어져 있는 신식 학교였다. 그날은 아침부터 학생들은 부지런히 교실로 등교하고 있었고 선생님은 분주하게 수업 준비하고 있었다. 그리고 시간에 쫓기듯이 수업이 시작되고 아이들은 점심을 먹고 집으로 하교했다. 수학 전담을 맡은 정 선생은 수업을 마치고 빈 전담 교실에 홀로 앉아서 인터넷을 검색하며 시간을 보내고 있었다. 그때 교감 선생님이 수학 전담실을 방문했다.

"정 선생 오늘 학부모로부터 항이가 들어왔어. 수업 시간에 너무 시끄러워서 공부가 안 된다고 하더군. 선생이 없는게 더 낫다고 하던데."

"오늘은 조용했는데요. 어떻게…."

"좀 잘 좀 하자고요. 서로 간에 자존심 상하는 일 아닙니까?"

"그 반은 조용한 편인데 왜 그런 일이."

'오늘 되는 일이 없군.'

정 선생은 교사가 쉽지 않음을 깨달았다. 변화가 필요함을 알고 교육학 관련 책을 들추어 보며 자신의 문제점을 찾앞다. 학생들과의 상호 작용 즉 대화와 발표가 부족하다는 사실을 뼈아프게 깨달았다. 결국 노력하기에 따라 수업은 변화할 수 있는 것이었다. 정 선생은 생각했다.

"그건 그렇고 우리 반 아이들 공부는 잘 되어가고 있나?"

정 선생은 다음날 교실로 들어왔다. 아이들이 삼삼오오 모여 자기네들끼리 떠들며 놀고 있었다.

"자 이제 자리에 앉자, 아침 자습 시간이야. 그런데 너희 공부는 어떻게 하는지 아니? 공부는 습관이야."
"공부가 습관이라고요?"
"물론이지. 공부하는 습관을 잡으면 넌 평생 공부에서 좋은 성적을 거둘 거야. 어때, 나를 믿고 공부 습관 한번 만들어 보지 않을래? 사실 너희가 학교에 오고 수업을 듣는 것도 다 습관이지. 너희들은 지금도 습관적으로 공부하고 있어. 다만 자신이 부족하거나 이해하지 못한 것에 관한 공부도 스스로 또는 선생님의 도움을 받아 해결할 필요가 있어. 그래야 자신의 약점을 딛고 모범생으로 도약할 수 있는 거야."

정 선생은 종종 로또를 맞는 꿈을 꾸었다. 그래서 로또를 샀지만 번번이 꽝. 결국 정 선생은 요행은 포기하기로 했다.

'그래, 아이들을 공부 천재로 만들어서 성공해 보자. 그 길이 더 빠를지도 몰라.'

정 선생은 그날부터 학교 끝나고 도서관으로 직행해 공부 관련 책을 섭렵하기 시작했다. 그것은 절대 쉽지 않았지만, 꾸준한 노력 끝에 많은 양의 교육 도서를 읽을 수 있었다.

'그래, 결국은 꿈이야. 공부에 대한 꿈이 있는 사람이 결국 공부의 우등생이 될 수 있었던 거야.'

교실에서는 창수와 효명이가 체스를 두고 있었다. 정 선생은 체스판을 힐끗 보았다. 체크메이트가 될 수가 보였다.

'그래, 그거야.'

창수의 나이트가 움직여 체크메이트를 선언했다.

"그래, 그렇지. 체스에서 말을 움직여 체크메이트하듯, 공부도 방법을 알면 공부라는 적을 체크메이트할 수 있어."

정 선생은 혼자 중얼거렸다. 땡~ 땡~ 수업 종이 울렸다. 아이들은 모두 책상에 앉았다. 효진이라는 아이가 앉지 않고 돌아다니고 있었다.

"효진아, 자리에 앉아라."

그제야 효진이는 아쉬운 듯이 자리로 돌아가 앉았다.

"얼마 전에 내가 공부는 습관이라고 했지? 공부하는 데 있어서 중요한 것은 습관이야. 그런데 이 습관은 어떻게 만드는 게 좋을까?"
"의자에 앉아요."

영철이가 말했다.

"그래, 바로 그거야. 공부는 엉덩이로 한다는 말이 있어. 엉덩이를 의자에 붙이고 앉아서 책 보는 습관부터 가져야

 레벨업! 성적 폭발하는 공부 공식

지. 그래야 공부를 잘할 수 있어. 너희 공부 성적을 예측할 수 있는 지표가 있지? 그것은 아이큐가 아니야. 혹시 그릿(grit)이라고 들어보았니. 끈기, 집착과 비슷한 말인 그릿이 높은 사람이 결국 좋은 성적을 거둔다는 이야기야. 흔히 그릿을 쉽게 말해 엉덩이 힘이라고도 부른단다."

책상에 일단 앉아라.

영철의 상태 창에 다음과 같은 메시지가 떴다. 영철은 자리에 궁둥이를 붙이고 바르게 앉았다.

미션 완료.
퀘스트 성공. 레벨업이 되었습니다.
의자에 앉기 기술이 습득되었습니다.

영철은 공부의 가장 기본인 바른 자세로 앉기를 성공시켰다.

"그런데 너희들은 습관이란 게 얼마나 지켜야 습관이 되는 줄 아니?"

수지가 말했다.

"한 달 아닐까요? 아니면 일주일 정도."

정 선생은 말했다.

"아니다. 66일이란다. 두 달 하고도 6일이나 더 해야 하지. 연구에 의하면 어떤 일이 습관이 되려면 66일 정도는 해야 뇌에 그 행동이 자동화되도록 입력이 된다고 한다. 그러니 너희에게 공부가 습관이 되려면 적어도 2~3달은 노력해야 한다는 것이지."
"66일간 공부해야 한다는 게 쉽지 않을 것 같아요."

다혜가 말했다.

"물론 쉽지 않지. 하지만 너희들은 평생 공부해야 한다. 일찍 공부 습관을 지니는 게 유리하다는 이야기이지."

효진, 창수, 수지, 다혜는 공부 습관을 갖추기 위한 66일 작전에 돌입했다.

   레벨업! 성적 폭발하는 공부 공식

"일단 66일간 공부하는 습관을 들이는 것이다."

그것은 겨울방학과 함께 시작되었다. 기나긴 겨울방학은 그 기간이 67일이나 되었다. 그래서 66일 챌린지에 도전할 수 있었다.

효진은 매일 아침이면 도서관으로 갔다. 도서관의 좋은 자리를 맡기 위해서였다. 그리고 9시부터 자리에 앉아 12시까지 공부를 했다. 12시부터 1시까지는 밥을 먹고 1시부터 6시까지는 또다시 공부했다. 6시 이후로는 집에 돌아와 밥을 먹고 오후 시간은 자유롭게 보냈다. 이 패턴을 66일간 반복하자 효진은 공부하는 습관이 들었디. 그리고 다음 1학기 중간고사에서 놀랍게도 효진은 전교 239등에서 14등까지 올랐다.

창수는 독서실을 끊었다. 독서실은 돈을 내고 하는 것이라서 더 열심히 의자에 앉아 공부하게 된다는 장점이 있었다. 독서실에서의 공부는 겨울방학 내내 계속되었다. 고통스러웠다. 처음에는 앉는 게 고통스러웠다. 그래서 자주 자리를 비우며 휴게실에서 컴퓨터를 쓰며 시간을 보냈다. 하지만 차츰 익숙해졌고 이제는 자리에 오랫동안 앉아 있을 수 있었다. 공부는 엉덩이로 한다는 말이 있다. 어린 나이에 의대를 졸업한 야노 시호라는 사람 역시 공부는 엉덩이 힘이라고 하였다. 사탐 강사로 유명한 손 사탐 강사 역시 공부는 엉덩이 힘이라고 했다.

아이들은 수능을 목표로 열심히 공부했다. 고3 담임교사 정 선생은 아이들을 지도하고 있었다. 그 역시 수능이 인생의 전부가 아님을 알고 있었다. 하지만 현실적으로 아이들을 좋은 대학에 많이 보내는 게 학부모와 학생들이 원하는 것이란 걸 알고 있었다.

결국 아이들을 공부에 집중하도록 다그치는 게 자신의 역할인 것을 알고 아이들을 공부에만 집중하도록 신경 썼다.

"우리 1년 동안 최선을 다해 공부하자. 지금 공부하지 않으면 후회할 거야."

정 선생은 고등학교 시절 입시 공부하면서 불만이 많았다. 왜 대학에 그렇게 목숨을 걸어야 하는지 몰랐다. 하지만 이제 다시 자신이 고3 담임이 되자 예전의 자신을 가르쳤던 선생님과 똑같은 말하는 자신을 발견했다. 아이들을 그냥 내버려두기에는 대학은 너무도 중요했다. 우리나라만의 특수한 현상이긴 하지만 대학은 아이들의 인생을 결정짓는

 레벨업! 성적 폭발하는 공부 공식

첫 번째 관문임이 분명했다.

정 선생은 말했다.

"자투리 시간을 잘 활용해라. 그 시간 동안 많은 공부를 할 수 있다."

정 선생은 아이들이 밥 먹기 위해 줄 서는 시간조차 공부하기를 바랐다. 그렇게 열심히 하는 길이 성적 향상을 만드는 지름길이라고 생각했다.

고3 아이들은 기계처럼 공부했다. 그 과정에서 많은 아이들의 정신이 쇠약할 것이다. 이것은 우등생, 열등생 차이가 없다. 그들은 경쟁과 시험의 연속으로 인해 인간성을 잃을 것이다. 이 사실을 알고 있음에도 공부의 길로 몰아세우는 부모와 교사는 진정 옳은가.

하지만 부모와 교사는 알고 있었다. 아이들이 상처받을 수 있다는 것, 하지만 변변치 못한 직장에서 고생하는 자신의 모습을 생각하며 아이들에게 좀 더 편하고 좋은 직장을 갖게 해주고 싶은 마음이 컸다. 아이들이 더 경제적으로 대접받고 고생하지 않기를 바라는 마음이 잘못된 것은 아니었다. 변변치 못한 직장에서 고생하는 것에 비하면 고등학교 3년 공부하는 것은 그다지 힘든 일도 아니지 않는가. 한편 조 선생도 아이들의 기본 습관을 길러주기 위해 힘쓰고 있었다.

대망의 수능 날. 아이들은 수능을 치렀다. 영수는 늘 1등하던 자신의 실력을 발휘해 지방대 의대에 진학하였다. 민성은 뒤늦게 정신을 차리고 공부했다. 다행히 수능도 잘 봐서 서울대 법대에 진학하게 되었다. 사실 민성의 내신은 좋지 않았는데도 면접을 잘 봐서 내신을 극복하고 서울대에 진학하게 된 것이다. 물론 그 과정에서 삼수하는 역경이 있었다.

하지만 영철은 수능 실패 후 방황하는 시간을 가졌다. 재수를 시작했으나 공부에 집중하지 못하고 친구들과 어울려 다니며 나이트클럽을 다녔다. 처음에는 기분 전환으로 갔던 나이트클럽을 이제는 매일 다니게 되었고, 술과 유흥에 빠진 영철의 성적은 바닥으로 추락하기 시작했다.

조 선생은 이를 안타깝게 생각하며 영철에게 연락하며 그의 마음을 돌리기 위해 애썼다. 조 선생은 아이들이 방황하는 이유를 잘 알고 있었다. 그들에게는 인생의 목표나 목적이라는 게 없었다. 그들만의 철학 또한 없었다. 한마디로

　레벨업! 성적 폭발하는 공부 공식

왜 인생을 살아야 하는가에 대한 목표나 목적이 빠져 있었다. 물론 대부분의 고3은 자신이 원하는 대학을 목표로 삼는다. 하지만 그들은 그 목표를 이루거나 이루지 못하거나 고3 수능이 끝나버리고 나면 인생의 목표를 잃어버리고 다시 방황을 시작한다. 영철이 같은 경우는 수능에 실패하고 나서 공부에 질려버렸고 미래 인생을 어떻게 설계해 나갈 것인지에 대한 목표를 상실해 버리고 만 것이다.

조 선생 역시 어린 시절 방황하는 시기가 있었다. 그 역시 고3 수능 실패 후 재수했으나 재수 역시 실패했다. 그리고 원하지 않는 학교를 점수에 맞추어 가야 했다. 그때부터 조 선생의 방황은 시작되었다. 애초에 원하지 않았던 학교이 커리큘럼을 따라가기에는 흥미도 열정도 너무 없었다. 그는 대학에서 홀로 인생의 목적을 찾아 책 속으로 빠져들기 시작했다. 주위의 친구들은 생각 없이 놀고 있었고 교수 역시 자신의 커리큘럼대로 수업하기에 바빴다. 책을 읽다 보면 책 속에 해답이 있을 것만 같았다. 옛말에도 책 속에 길이 있다고 말하지 않았던가. 그는 그렇게 어려운 철학책부터 정치, 경제, 사회, 문화를 넘나드는 다양한 책 속에 흠뻑 빠졌다. 초기에는 그렇게 방황하는 줄만 알았으나 나중에 결국 그는 답을 발견하였다. 그 답이란 결국 현재에 충실한 것이다. 그것은 불교 철학에서 온 것으로 찰나에 진리가 담겨있다는 옛 불경의 가르침에 근거한 것이었다. 그리고 목적론적으로서는 하느님의 도구가 되기로 결심했다.

'현재에 충실하면서 하느님의 도구로서의 삶을 살아라.'

그것이 그가 32년의 인생을 살면서 책과 사람들 사이에서 깨달은 삶의 진리였다. 인성은 영철을 불렀다.

"영철아, 오늘은 내가 네게 할 말이 있어."

인성은 영철에게 자신의 과거 이야기를 다 해주었다.

"나도 너처럼 방황하던 시기가 있었지. 지금 생각하면 다 후회스럽구나. 너도 지금을 후회하지 않기 위해서 공부에 집중해 보렴. 지금 공부하지 않으면 미래에 반드시 후회할 거야."

영철은 인성의 말이 잘 들어오지 않았으나 인성의 진심만은 느껴졌다.

"좀 더 공부에 열중해 볼게요."

"그래, 조금씩 바꾸는 거다. 그러면 돼."

인성은 영철에게 자신감을 심어 주었다.

그때 가상 스터디 신 미르가 등장했다.

정 선생, 조 선생 들리니?

"미르구나. 그래, 나는 내 미션을 달성한 것 같은데! 우리 반 아이들을 공부 습관으로 인도했어."

정 선생이 말했다. 조 선생 역시 말했다.

"우리 반 아이들도 공부 습관이 잡혔어."

66일 법칙으로 공부 습관을 잡았니? 좋아, 스테이지 클리어이다. 그렇다면 스테이지 2로 점프해라.

아이들과 선생님은 차원의 문을 넘어서 스테이지 2단계로 진입했다. 아이들과 선생님은 가상 사이버 세계에 들어가 있었다. 머리에 VR 고글을 쓰고 있기에 현실과 구별이 되지 않는 가상 세계로 들어간 것이다. 가상 세계는 게임 형식으로 이루어져 있었다. 아이들과 선생님은 힘을 합쳐 스테이지 12단계를 모두 정복해야 한다. 그러면 그들은 공부의 암흑성을 부수고 진정한 공부 마법 기술들을 익혀 현실로 돌아오게 되어 있다. 그들이 스테이지를 정복하지 못하면 끝없는 공부 우주 차원 속에서 헤매게 된다. 하지만 스테이지를 깬다면 현실로 돌아와 진정으로 공부와 맞붙을 기회가 주어진다. 아이들과 선생님은 어떻게 될 것인가. 스테이지 2로 넘어가라. 스테이지 2의 관문이 열렸다. 그와 함께 공부 습관을 장착한 아이들의 능력치가 레벨업되었다.

아이들의 상태 창이 변화했다.

오래 앉아 있는 기술이 습득되었습니다.
집중력 향상 기술이 습득 되었습니다.
책을 오래 보는 동체 시력이 향상되었습니다.

아이들은 대부분 다음과 같은 기술들을 습득하였다.

"자, 이제 스테이지 2로 넘어가자."

정 선생이 말했다. 정 선생은 이미 장착한 기술이라서 상태 창이 변화하지 않았다. 정 선생의 레벨은 12이었다. 정 선생은 이미 이 12단계 공부 지옥 코스를 예전에 깬 적이 있다. 그는 이 게임에 직접적으로 참여하지 않고 아이들에게 도움을 주는 안내자이자 치료사로서 참여하게 된다. 그는 레벨을 올리지 못한 학생을 돕고 기술 습득을 하지 못한 아이들에게 기술 습득 기술을 가르쳐 주는 역할을 하게 된다.

사랑은 공부에 방해가 되나요?

영철은 고3에 올라가 같은 반 여학생 미정을 좋아했다. 좋아하는 감정을 억누르려고 했지만, 도저히 그 마음을 진정시킬 수 없었다. 그도 그렇듯이 영철에게 미정이는 첫사랑이었기 때문이었다. 고3 수능이 가장 중요한 시기이긴 하지만 그때 같이 찾아온 사랑의 열병으로 영철은 혼자 끙끙 마음 앓이를 하고 있었다.

영철은 남몰래 끙끙 앓았고 결국 마음이 분산되고 말았다. 집중해야 할 수능 시험에 집중하지 못한 영철은 수능 시험장에서도 미정이를 생각하다 시험을 망치고 말았다.

하지만 미정이는 영철의 마음을 알고서도 영철을 마음속에서 정리한 지 오래였다.

영철은 괴로움 속에서 재수를 선택할 수밖에 없었다. 사람들은 영철이를 바보라고 할 것이다. 하지만 첫사랑을 해본 사람은 누구나 알 것이다. 도무지 마음이 내 마음대로 움직이지 않는다는 것. 뼈저린 실패였지만 그 속에서 배운 게 없는 것은 아니었다. 영철은 이제 다시금 마음을 굳게 잡고 공부에만 매진하기로 마음먹었다.

영철은 자신의 과거를 친구 진수에게 이야기했다.

영철의 말을 들은 진수는 말했다.

"사랑은 좋아한다는 감정만으로 되지 않아. 네가 마음속으로 아무리 그 사람을 좋아한다고 그 사람과 연애하게 되거나 인연이 이어지지는 않아. 사랑에는 감정의 표현도 중요하고 방법이나 방식도 중요하지."

영철은 말했다.

"나는 단지 그 사람을 좋아하기만 하면, 내 마음을 표현하기만 하면 된다고 생각했어."

"그래, 누구나 처음엔 그래. 하지만 차츰 배워가는 거라고 생각해. 네가 서너 번은 실패했을 때 그때부터 진정으로 가슴 벅찬 사랑을 알게 될 거로 생각해. 창피해하지 말고 계속 도전해 봐. 사랑도 연애도 시행착오 속에서 터득하고 배우는 거야. 창피하다고 계속 피하기만 한다면 연애를 한 번도 할 수 없을걸."

하지만 영철은 지금, 이 순간이 얼마나 중요한지 알았다. 지금 상황에서는 사랑은 미뤄 두어야 한다는 것. 미래의 자신의 꿈을 위해 최선을 다해야 하는 시기임을 알았다. 그래서 더욱 공부에 몰두했다.

레벨업! 성적 폭발하는 공부 공식

선생님을 정하라

아이들과 선생님은 스테이지 2에 떨어졌다. 스테이지 1은 1층이었고, 위로 한 단계씩 올라갈수록 한 층씩 높아진다. 2단계는 2층을 의미하고 3단계는 3층. 그렇게 한 층씩 올라가 12층의 최종 보스를 잡으면 스테이지는 클리어할 수 있었다. 정 선생이 말했다.

"이 공부 지옥성은 총 12단계로 되어 있다. 기술을 모두 습득하고 레벨을 끝까지 올리는 아이만 살아남는다. 그리고 그 학생이 최종 우승하게 되지. 그 우승의 의미는 공부의 정복을 의미해. 이 공부 지옥성에서 익힌 공부 기술로 밖으로 나가 실전 공부를 하면 너희들이 원하는 그 어떤 학교든, 네가 성취하고 싶은 그 무엇이든지 성취할 수 있지. 12층은 12단계를 의미한다. 이것은 공부 가상 세계다. 잘 참여해 꼭 성공하기를 바란다."

아이들과 선생님이 2층에 도착하자 문 맞은편의 스크린에 큰 글씨가 나타났다. 그 스크린에는 다음과 같이 적혀 있었다.

스테이지 2: 선생님을 정하라.

"선생님을 정하라고?"

아이들은 웅성거렸다.

"선생님을 어떻게 정하라는 거지."

정 선생은 아이들에게 설명해야 한다는 것을 느꼈다.

"여기서 선생님을 정하라는 것은 누구에게 배울 것을 정하라는 거다. 물론 너희들이 선생님을 선택할 수는 없지. 하지만 온라인 강의는 누구에게 배울지 정할 수 있다. 온라인 강의를 잘 활용하는 것도 너희들이 성적을 올릴 수 있는 지름길이다. 시험은 전향했다. 전쟁에서 따를 장수를 정하는 것은 중요하다. 지금부터 선생님을 정한다. 과목별 선생님을 정해야 한다. 선생님을 빨리 정하는 사람에게는 레벨업의 기회가 있다. 선생님을 정하지 못하면 라이프를 하나 잃는다. 라이프는 시작부터 다섯 개가 주어진다는 것은 알고 있겠지. 자 빨리 움직여. 어떤 시험이든 그 첫 시작은 선생님을 정하는 데 있어. 물론 독학하는 방법두 있지 하지만 독학할 때도 누구의 책을 볼 것인지 그 집필자를 정해야 해. 또한 수능 같은 경우는 학교의 선생님을 정할 수 없다는 점도 있어. 하지만 요즘은 인터넷 강의를 통해 원하는 강사의 강의를 들을 수 있기에 인터넷 강의를 이용한다면 자신이 원하는 선생님의 강의를 들을 수 있는 장점도 있어."

정 선생은 아이들에게 말했다.

"너희들도 좋아하는 선생님이 있을 거야. 그러면 자연스

럽게 그 선생님이 가르치는 과목을 좋아하게 되고 성적이
오른 경험도 있을 거야. 그렇게 모든 과목을 자신이 좋아하
는 선생님으로 채워봐. 너만의 드림팀을 만들어 보라는 거
지. 지금은 그것이 가능한 시대거든. 물론 선생님 선정은 순
전히 자유롭게 선정하게 좋아. 일타 강사나 유명하다고 해서
무조건 좋은 선생님은 아니야. 왜냐하면 나와 결이 맞는 선
생님을 구해야 하기 때문이지. 그렇게 유명하지도 않고 잘
가르친다는 소문도 없지만 나와 잘 맞는 선생님이 있어. 그
런 선생님에게 배워야 해. 이것은 여러 번의 시도와 경험을
통해 내공이 쌓여야 잘 고를 수 있지. 그렇기에 어린 시절부
터 선생님을 고르는 연습을 해야 하지.

하지만 어릴 때부터 선생님을 고를 기회가 잘 주어지지
않아. 그렇기에 먼저 선생님에게 잘 맞추는 연습부터 해야
하지. 어떤 선생님이든 자기 지식의 한도 내에서 최대한 잘
가르쳐 주려고 한단다. 이를 따르는 팔로우십부터 배워야 크
게 성장할 수 있지. 사실 우등생들은 어떤 선생님이 가르치
든 열심히 공부하고 성적도 좋아. 그들은 기본적으로 선생님
을 잘 이해하고 독학도 잘하는 스타일이기에 선생님의 영향
을 크게 받지 않기 때문이지. 이점은 열등생들도 잘 배워야

 레벨업! 성적 폭발하는 공부 공식

하는 점이야. 그리고 주의해야 할 점은 외모에 속지 말라는
거야. 물론 미남 미녀 선생님에게 배우면 더 기분이 좋고 더
잘 집중이 되지. 하지만 외모만이 전부는 아니야. 어떻게 지
식을 잘 조직해서 전달하는지 조직력과 전달력을 보아야 하
지. 외모는 물론 크게 영향을 주는 요소지만 외모에만 빠져
서 선생님을 잘못 선택한다면 그 대가는 자신이 치러야 할
것이야.”

영식이는 EBS 영어 강사 한미리 선생님에게 빠졌다. 그
이유는 한미리 선생님이 매우 예뻤기 때문이다. 영식은 한
미리 선생님의 팬을 자처하며 한미리 선생님이 강이를 열
심히 들었다. 하지만 그는 공부에 집중하지 못했고, 한미리
선생님의 강의를 들었으나 크게 성적을 향상하지도 못했
다. 그의 관심은 한미리 선생님의 외모였고 공부는 뒷전이
었기 때문이다.

정 선생은 말했다.

“선생님을 정할 때는 일단 많은 사람들이 선택하는 선생
님을 정하는 게 좋아. 그만큼 많은 사람이 그 강의를 듣는다

는 것은 많은 사람들에게 검증되었다는 이야기이지. 물론 자신에게만 맞는 선생님이 있을 수 있어. 하지만 강의를 모두 다 듣는다는 것은 불가능하지. 책도 베스트 셀러를 보면 실패가 적듯이 수능도 일단 일타 강사의 강의를 듣는 게 좋아.”

정 선생은 일타 강사가 무조건 좋지 않다는 것을 알고 있었지만, 현실적으로 일타 강사를 선택할 수밖에 없는 이유를 설명했다.

정 선생의 창에 메시지가 떴다.

최고의 수학 선생으로 선택당해라.
퀘스트를 수행하면 경험치 보상 실패 시 라이프를 잃는다.

정 선생은 이제 초보인 수학 교사이다. 하지만 최고의 수학 교사로 선정되어야 한다. 이를 위해 정 선생은 가상 세계에서 노력하기 시작했다. 교재 연구와 자신의 수업 영상을 녹화하고 재생해서 보면서 자신의 모습과 수업을 고쳐나가기 시작했다.

　　　　　레벨업! 성적 폭발하는 공부 공식

'결국 인공지능은 내가 최고의 교사가 되기를 바라는 거야.'

아마도 인공지능은 대한민국의 교육을 바꾸고 싶은지도 모른다. 그것을 위해서 선택된 것이 바로 정 선생과 조 선생이었다. 인공지능은 정 선생과 조 선생의 변화를 통해 대한민국의 교육을 바꾸고 싶었고 영희와 철수의 변화를 통해 교육의 방향과 질을 완전히 개선하기를 원했다. 이를 위해 영희와 철수, 정 선생과 조 선생이 선택된 것이었다.

"노력하다 보니 내 삶이 변화했어. 그래 바로 그거야. 네가 달리기 연습을 한다고 우사인 볼트보다 빨리 달릴 수는 없겠지만 어제의 나보다는 진보할 수 있어. 바로 어제보다 더 나아진 자신을 만드는 성장의 정신, 진보의 정신 바로 그것으로 앞으로 나아가는 거야."

정 선생은 노력의 힘을 믿었다. 노력이야말로 지금까지의 자신을 만든 힘이었다. 그는 어떠한 상황에 있든지 간에 최선을 다해 노력하면 길이 열릴 것이라는 믿음으로 지금까지 살아왔다. 무엇과도 누구와도 바꿀 수 없는 성실함과 열정으로 세상을 극복할 거라는 큰 믿음이 있었다.

정 선생은 노력 끝에 아이들에게 최고의 교사로 선택될 수 있었다. 그리고 아이들에게 선생님을 정하는 방법을 잘 알려주어 아이들의 성적을 높이는 데 이바지했다.

미르가 가상 세계의 상태 창을 정 선생의 두뇌에 입력했다. 정 선생은 가상 상태 창을 통해 이를 확인했다.

"좋아. 이제 다음 단계로 넘어가자 미르."

정 선생과 아이들은 다음 단계인 3단계를 향해 점프했다. 조 선생 역시 같은 퀘스트가 떴다.

조 선생은 이를 위해서 남들보다 더 노력해 왔다고 자부했다. 그는 영어라는 교과를 정복하기 위해 오랜 기간 애써 왔다. 실력에는 자신이 있었다. 하지만 최고의 교사가 된 데는 실력만이 요구되는 것은 아니었다. 이 사실을 알았기에 조 선생은 자신의 단점을 고치고 장점을 키워서 훌륭한 교사가 되기를 꿈꾸었다. 다행히도 아이들은 조 선생의 꿈을 이해해 주었고, 최고의 교사로 선택함으로써 조 선생과 아이들도 다음 스테이지로 진입할 수 있었다.

자신의 현 실력을 알라

선생님들과 아이들은 스테이지 3에 떨어졌다.

"이번 스테이지는 무슨 스테이지일까?"

명랑한 철수는 전혀 걱정되지 않는 표정으로 말했다. 하지만 선생님들과 영희의 얼굴은 긴장한 모습이 역력했다. 거대한 스크린이 열리고 그곳에는 스테이지 3의 미션이 주어졌다.

스테이지 3: 자신의 현 실력을 알라.

"자신의 현 실력을 아는 것은 중요하다. 지금 말할 민성이가 성공할 수 있었던 것은 자신의 현 실력을 알았기 때문이다."

정 선생은 말했다.

민성은 할머니와 산다. 부모님은 이혼하시고 연락이 없다. 아버지와 어머니 모두 민성을 찾지 않고 자신의 길을 갔다. 민성은 할머니에게 맡겨졌다. 고생하시는 할머니를 위해 민성은 열심히 공부해서 성공하는 길밖에 없다고 생각했다. 꼴찌에 가까운 자신의 실력을 키울 수 있었던 것은 오직 할머니께 효도하고 싶은 마음뿐이었기 때문이었다. 최근 민성은 성적이 많이 올랐다. 이 사실을 알게 된 할머니는 기뻐했고 덩달아 민성의 기분도 좋았다. 민성은 서울대에 진학해서 큰 성공을 거두어야겠다고 생각했다. 정 선생 역시 이런 민성을 격려했다. 정 선생은 민성이 어려운 환경 속에서 열심히 공부하고 있음을 알았다. 그래서 참고서와 문제집을 나누어 주었고, 학교에서 선발하는 장학금도 받을 수 있도록 지원해 주었다.

민성이는 국어에 약했고 수학에는 강한 면모가 있었다. 그래서 국어 문제집을 풀면서 국어를 보완했고, 어려운 수학 문제집을 풀며 수학을 더 강화했다. 자신의 실력을 잘 알았기에 선택할 수 있는 학습 전략이었다.

그러던 어느 날이었다. 민성은 할머니가 병원에 실려 갔다는 사실을 뒤늦게 알게 되었다. 할머니는 급성 폐렴을 앓고 계셨는데 공부하는 민성에게 자신의 병을 숨긴 것이었다. 할머니는 걱정하지 말라고 민성을 달랬으나 민성은 할머니가 마음에 걸려 편히 공부할 수 없었다. 하지만 학교에 안 갈 수 없었기에 마음 한구석 무거운 마음을 가지고 학교에 가서 공부하였다.

수능은 이제 50일 남았었다. 그러던 중 민성은 할머니가 돌아가셨다는 소식을 들었다. 민성은 슬픔을 가누지 못했다. 하지만 그는 수능을 치러야 했다. 할머니의 몫까지 열심히 사는 게 민성이 해야 할 일이라고 생각했다. 결국 수능 시험을 치렀고 민성은 평소 실력을 극한까지 발휘하여 최고의 성적을 받았다. 서울대에 진학하였으나 민성은 쓸쓸하였다. 자신의 성공을 같이 축하할 사람이 없었기 때문이었다. 한편으로 이 성공은 이제 시작이라고 생각하였다. 진정 서울대에서 성공의 길을 찾아 나서야겠다고 생각했다.

중요한 것은 자신의 현 실력을 알라는 것이다. 자신이 현 실력을 파악하는 것이 중요하다. 자신이 최상위권이라면 사실 자주 틀리는 한두 문제에만 초점을 맞추면 완벽해진다. 수능에서 만점이 자주 나오는 것은 이런 최상위권들은 어쩌다 틀리는 한두 문제에만 집중하면 되기에 공부가 더 쉽고 완벽해지는 것이다. 그에 비해 하위권은 종잡을 수 없이 많이 틀리기에 보완도 느리고 실력 향상도 더디다. 민성이가 서울대에 갈 수 있었던 것은 현재 실력을 바탕으로 약한 과목을 보강하고 강한 과목을 더 강하게 만들었기 때문이다.

하위권과 상위권은 전략을 다르게 짜야 한다. 영규는 공부 고수이다. 그래서 자신의 실력을 잘 안다. 공부도 잘한다. 한편, 만지는 공부를 못한다. 수업도 안 듣고 행동이 엉망이다. 그래서 성적도 낮다. 그에게 필요한 것은 일단 수업을 잘 듣고 예습 복습을 하는 것이다. 공부는 이처럼 간단한 것의 실천임에도 실천하지 않기에 공부를 잘하지 못할 게 당연하다.

영미는 수학을 못했다. 그런데 학교에서는 고난도 문제

가 담겨 있는 수학책을 가지고 수업했다. 기본도 안 잡혀 있는 영미이기에 그런 고난도 문제를 풀 수 없었다. 영미의 수학 실력은 더욱 떨어졌고 기초적인 문제도 다 놓쳤기 때문에 바닥으로 내려앉았다. 영미는 국어와 영어 실력은 우수했기에 심화반에 속했다. 하지만 수학 실력이 부족한 영미에게 심화반의 교재는 무리였다. 그에게 필요한 것은 기초였다. 하지만 학교 시스템은 영미의 사정까지 알아주지는 않았다. 영미가 따라가려면 스스로 공부하는 수밖에 없었다. 하지만 영미는 스스로 수학책을 보고는 이해할 수 없었다. 기초부터 차근차근 알려줄 교사가 필요했다. 하지만 학교에는 그런 선생님이 없었다.

영미는 끝내 방법을 찾지 못했다. 결국 그는 이과에서 문과로 전과하는 방법을 택했다. 그나마 문과 수학은 이해할 수 있었다. 영미에게 친절히 기초부터 알려주는 수학 선생님이 있었더라면 그는 이과에서도 높은 성적을 받을 수 있었을까. 아마 그럴 것 같다.

영미는 자신의 실력을 알았으나 자신의 실력에 맞는 교육을 받지 못했다. 결국 그는 수학 기술을 습득하는 데 실패했다.

수학 기술을 습득하는 데 실패했습니다.

상태 창이 떴다. 그것은 영미가 수학 공부에 실패했음을 알려주었다. 할 수 없이 그는 문과로 전과했고 문과에서도 또 공부에 어려움을 느껴 재수를 선택하게 되었다.

그에 비해 승우는 모든 과목이 우수했다. 특히 수학은 중학교 때 선행학습을 해서 이미 아는 내용이었다. 한마디로 승우에게는 학교 수업이 복습이었다. 이미 했던 것을 다시 다지고 가는 것이니 더욱 실력이 늘었고 틀리는 문제도 적었다. 가끔가다 틀리는 문제에만 신경 쓰고 고난도 문제에 적용하는 법도 배워나갔다. 중학교 때의 기초를 바탕으로 심화에 도전했기에 실력이 급성장하여 더욱 틀리는 게 적었고 어느 시점부터는 전교 1등을 놓치지 않았다.

승우는 수능에서도 좋은 성적을 받아 수도권 내의 의대로 진학하였다. 중학교 때부터 열심히 공부한 결과가 그대로 품으로 들어온 것이다.

여기서 나는 선행학습에 대해 옹호하려는 의도는 없다. 다만 승우 같은 사례가 적지 않다는 것이다. 물론 승우는 선행학습을 하지 않았더라도 공부를 잘했을 것이다. 하지만 선행학습은 그가 확실하게 고등학교 때 편하게 공부하고 전교 1등을 달리게 하는 요소가 되었음에는 분명하다. 정 선생은 반 아이들에게 말했다.

"자신의 현 실력을 아는 것은 중요하다. 왜냐하면 자신이 어느 지점에 있는지 알아야 출발할 수 있기 때문이다. 우리가 어떤 목적지를 향해 갈 때 우선 알아야 할 것은 자신이 있는 지점이다. 이를 모르고서는 절대 목적지로 갈 수 없어. 너희들의 목적지는 물론 수능에서의 성공이다. 그러기 위해서는 현재 자신의 위치나 실력을 알아야만 해. 그래서 사전 평가가 필수인 거지. 시험을 나쁘게만 생각하지 말아라. 현 위치를 알려주는 중요한 문제니까 말이다."

정 선생은 사전 평가를 시행했다. 아이들의 성적을 가지각색으로 나왔다.

"수학이 좋은 아이, 영어가 좋은 아이, 특히 국어를 못하는 아이 등. 너희들은 성적도 천차만별이고 과목별 성적도 다를 거야. 학교가 이를 다 맞추어 줄 수는 없어. 너희들 스스로 약점인 과목은 보강하고 잘하는 과목은 여유 있게 넘어가는 등 자신이 자신의 학습 계획을 짜고 실천에 옮겨야

레벨업! 성적 폭발하는 공부 공식

하는 거야. 이 사실을 알겠으면 자기 성적에 맞추어서 학습 계획표를 짜보거라."

아이들은 자신의 성적을 확인했고 현재 위치에 알맞게 수능 날짜에 맞추어 학습 계획표를 짜보았다. 정 선생은 말을 이었다.

"이 성적에 맞는 너희들이 직접 짠 계획표야말로 진짜 너희들의 성적을 올릴 계획이라는 사실을 잊지 말거라. 이제부터 너희들의 공부는 시작인 셈이야. 목표를 향해 한 걸음씩 나아가면 부족한 과목을 보완하고 잘하는 과목을 강화해서 틀림없이 좋은 성적을 거둘 거야. 힘들면 언제든지 선생님과 상의하도록 하거라."

아이들은 어디에서 듣지 못한 정 선생의 말에 감동했다. 지금까지 선생님들은 공부만 하라고 했지, 어떻게 하라고 방법은 잘 말해 주지 않았다. 그저 열심히 그리고 그저 더 열심히 하라고만 들었다. 하지만 그렇게 해서는 좀처럼 성적은 오르지 않았다. 현 위치를 파악하는 것 그것만으로도 실력 향상의 길은 열린다.

현 실력을 알라 퀘스트가 완료되었습니다. 반 아이들 스무 명의 현재 실력 파악이 완료되었습니다. 미션을 성공했습니다. 아이들이 모두 레벨업하였습니다.

정 선생의 상태 창에 미션 완료가 떴다.

"좋아. 그렇다면 이제 4 스테이지이다."

남두일, 범인을 뒤쫓다

남두일은 범인을 찾기 위해 조사를 시작했다. 일단 선생님들과 아이들은 병원으로 이동한 뒤였다. 그들이 깨어나거나 문제가 생기면 병원에서 연락을 주기로 했다.

'일단 연구소를 조사해 볼까?'

연구소는 사람의 흔적이 있었다. 하지만 다시 찾아오는 사람이 없었다.

‘당연하지. 이곳은 내가 있는데 올 리가 없잖아.’

그곳에는 침대가 네 개가 있었다. 그리고 그곳에는 컴퓨터 한 대가 덩그러니 놓여 있었다.

“별로 특별한 것은 없는데.”

남두일은 혼자 중얼거렸다.

“네 명은 모두 기절한 듯 잠들어 있었어. 약물로 잠재운 것일까. 아니면 전기 충격?”

남두일은 컴퓨터에 접속해 보았다. 전원이 켜졌다. 하지만 컴퓨터는 마치 새로 산 컴퓨터처럼 깨끗했다. 그 어떤 프로그램도 깔려 있지 않았다.

‘컴퓨터까지 깨끗하잖아.’

남두일은 잠복하기로 했다. 남두일이 근처의 차에서 사복을 입고 잠복한 지 3일 만에 한 남자가 건물로 들어왔다. 범인이었다.

'범인은 반드시 범죄 현장을 다시 찾는 법.'

남두일은 남자의 뒤를 쫓았다. 남자는 집으로 갔다. 남두일은 집의 문을 열며 외쳤다.

"꼼짝하지 마!"

하지만 남자는 창문을 열고 달아났다. 남두일은 남자의 뒤를 쫓아 달렸다. 100미터 되지 않아 남자는 남두일의 손에 붙잡혔다.

"넌 누구냐? 넌 뭐 하는 놈이지? 선생과 아이들과는 어떤 관계냐?"

남두일은 알고 싶은 게 많았다. 하지만 남자는 억울하다는 표정으로 대답했다.

"나는 그냥 집이 비어 있는 것을 알고 거기서 자고 싶었던 것뿐이야."

다시 보니 남자는 낡은 옷을 입은, 얼굴에 때가 가득한 노숙자였다. 남두일은 경찰서로 데려가 조사해 보았지만 근처 지하철역에 사는 노숙자로 밝혀졌다.

"남두일 아무래도 헛다리 짚은 것 같은데."

민 형사가 예상했다는 듯한 표정으로 말했다.

"자네가 주장하는 외계인이라도 찾아보든가."

민 형사가 비꼬듯이 덧붙였다.

"으아."

남두일이 짜증이 난 듯 머리를 엉클어트리며 소리쳤다.

"이대로 포기하지 않겠다."

남두일은 혼자 소리치며 경찰서 밖으로 빠져나왔다.

문제 드릴은 필수다

인생에 있어 기적이 있다면 살아 있는 것 자체이다. 이 사실을 누구보다 잘 알기에 정 선생은 그 사실을 학생들에게 깨닫게 해주고 싶었다. 하지만 학생들은 각종 문제로 인해서 별로 행복해 보이지 않았다. 그저 공부만을 강요하는 학교, 그에 어쩔 수 없이 따르는 학생들, 정 선생은 학교 전체를 개혁하고 싶다는 생각이 들었다. 하지만 현실은 당장의 대학 입시에서 좋은 성적을 거두는 것이었다. 정 선생은 현실에 집중하자고 마음먹었다.

스테이지 4에 돌입한 정 선생은 눈앞의 스크린에 쓰인 메시지를 보았다.

"문제 드릴은 필수라고?"

'그렇지!' 정 선생은 과거 수능을 공부하던 시절 문제 드릴을 할 때가 떠올랐다. 정 선생은 말했다.

"성적이 잘 나오고 싶다면 문제 드릴은 필수이다. 나도 안다. 문제 드릴이 비인격적이라는 사실을 알지만 성적은 기계나 컴퓨터와도 같다. 사람 마음 같은 것은 생각하지 않는다. 실력이 우수함에도 성적이 잘 안 나오는 일도 있다. 그것은 문제 드릴을 하지 않았기 때문이다. 실력이 있어도 문제 드릴을 해야 성적이 잘 나온다. 수능 시험이란 기계처럼 문제를 잘 푸는 사람이 높은 성적을 받게 되어 있는 게임이다. 즉, 기계처럼 공부하고 문제를 풀어야 성적이 잘 나온다는 말이다. 그래서 비인격적이고 비교육적이다. 그럼에도 그 방식을 현대 교육계에서는 고수하고 있다. 너희들이 그것을 바꿀 수 없다면 그것을 따라라. 너희들이 그것을 바꿀 수 있는 높은 위치까지 올라간다면 그것을 바꾸어서 세상을 아름답게 만들어라."

정 선생은 아이들에게 이렇게 말할 수밖에 없었다. 문제 드릴은 필요악이었다. 높은 성적을 위해 필수적이면서도 하면 별로 좋지 않은 것. 누구도 문제 푸는 기계가 되고 싶지는 않지만, 문제 푸는 기계가 되어야 성적이 높아지는 현실. 현실과 꿈 사이의 조화를 잘 이루어야 했다.

생물 교사인 지만은 아이들의 생물 실력을 높여 주고 싶었다. 수능에서 1등급을 맞게 하는 게 자신의 역할이라고 생각했다. 그래서 지만은 EBS 교재를 아이들에게 수업 시간에 맞춰 1회씩 문제를 풀게 했다. 문제 드릴을 통해 아이들이 시험을 잘 보게 하기 위함이었다.

진구는 생물을 좋아하던 아이였다. 그는 중학교까지 여러 가지 실험도 하고 생명체에 대해 알아가는 생물 과목을 좋아했다. 하지만 고등학교 와서는 문제 풀이 식으로 이루어지는 생물 시간에 질려버렸다. 그는 결국 생물 시험을 1등급을 맞았으나 이미 생물에 대한 흥미는 사라진 지 오래였다. 과연 문제 드릴이 맞는지 그리고 문제 드릴을 통해 성적만 높게 맞으면 그것으로 해결되는지는 고민해 볼 문제이다. 하지만 문제 드릴이 아이들의 성적을 높여 주는 것만은 확실했다.

진구는 수능 문제집을 시간에 맞추어 푸는 연습을 했다. 진구의 상태 창에는 다음과 같은 메시지가 떴다.

문제 드릴을 완료하였습니다. 문제 드릴 스킬이 습득되었습니다. 반 아이들 90%가 문제 드릴에 성공하였습니다.

정 선생의 상태 창에 다음과 같은 메시지가 떴다.

다음 퀘스트는 '어려운 문제에 도전하라'입니다.

정 선생이 속으로 생각했다.

'어려운 문제에 도전하라고?'

결국 최상위권으로 가기 위해서는 어려운 문제 그 하나를 맞혀야 했다. 그래야만 최상위권 도전이 가능하다. 그 사실을 알았기에 생물 교사 지만은 그토록 문제 드릴을 시킨

 레벨업! 성적 폭발하는 공부 공식

것이었다.

"최상위권 도약을 위한 어려운 문제에 도전, 이제 시작해
보자."

정 선생은 당당히 문제 드릴 스킬을 완료시키고 스테이
지 5로 향했다.

어려운 문제에 도전하라

정 선생은 스테이지 5에 도착했다.

눈앞의 거대한 스크린에는 다음과 같은 메시지가 적혀 있었다.

스테이지 5: 어려운 문제에 도전하라.

정 선생은 아이들에게 말했다.

"공부 실력을 높이기 위해서는 어려운 문제에도 도전해 봐야 한다. 그래야 실력이 는다. 축구팀이 강팀으로 거듭나려면 강팀과의 대결을 피하지 말아야 한다. 학생들도 마찬가지다. 어려운 문제집을 피하지 말고 풀어 보아야 한다. 그래야 실력이 일취월장한다."

문제집 중에는 '숨마쿰라우데'라는 문제집이 있다. 어려운 문제만 모아놓은 문제집이었다. 민지는 그 문제집을 풀기로 도전했다. 특히 수학에 관심이 갔다. 수학에서 고난도 문제를 맞히려면 아무래도 어려운 문제도 많이 풀어 보아야 했기 때문이다.

정 선생은 소설 쓰기가 취미이다. 사실 정 선생은 문예창작과를 나오지도 않았고 국문학과를 나오지도 않았다. 단지 책을 좀 많이 본다는 것뿐. 그런 정 선생이 소설에 도전하는 것은 맨땅에 헤딩하는 것과 다르지 않았다. 일주일에 한 번 조기 축구에 나가면서 국가대표가 되려고 도전하는 것과 마찬가지였기 때문이다.

하지만 정 선생에게는 남들과는 다른 면모가 하나 있었다. 그것은 남들은 안 하는 필사를 10년째 해오고 있다는 것이다. 정 선생은 소설, 인문서, 자기계발서, 고전 등등 가리지 않고 책을 꾸준히 필사해 왔다. 정 선생에게는 믿음이 있었다. 그것은 인문 고전을 필사하다 보면 언젠가는 필력이 일취월장해서 세계적인 작가가 될 수 있다는 믿음이 그것이었다. 그래서 그는 아이들에게도 인문 고전 필사를 알려 주고 싶었다.

정 선생에게 문학은 구원이었다. 그는 이유는 모르지만, 문학에서 구원을 느꼈다. 소설을 쓰면서 살아 있음을 느꼈고 소설을 통해 사람들에게 재미와 메시지를 전달하는 데서 희망을 느꼈다. 그에게 소설은 돈벌이의 수단이 아니라 자신의 재능과 능력을 드러내게 자신의 사명을 다할 수 있는 하나의 메신저와 같은 역할이었다. 예수님이 십자가라는 역경을 짊어진 것처럼 그 역시 멋진 글을 써야 한다는 사명을 짊어진 것 같았다. 예수님은 자기 십자가를 지고 나를 쫓으라고 말했다. 정 선생에게 십자가는 문학, 즉 소설이었다.

그는 소설도 좋아했지만, 시에도 관심이 많았다. 짜장 잘하는 집이 짬뽕도 잘하듯이 소설을 잘 쓴다면 시 역시 잘 쓰는 경우가 대부분이다. 하지만 정 선생은 워낙에 기초가 바로 서지 않아서 훌륭한 문학가가 되기에는 어려움이 많았다. 그는 문학적 재능이 좀 있다는 사람은 많이 탄다는 흔한

 레벨업! 성적 폭발하는 공부 공식

문학상 한 번도 타보지 못했다. 한마디로 그는 재능이 없었다. 하지만 그럼에도 꿈은 있었다. 그리고 누구보다 노력하는 열정이 있었다. 결국 그 노력과 열정은 보상받을 것이라고 믿고 한 방향을 향해 직진으로 계속 달렸다. 하지만 선배 교사인 최 선생은 생각이 달랐다. 정 선생이 소설에 빠져 있는 그것을 안타깝게 생각하며 교육에 좀 더 집중하기를 바랐다. 최 선생은 말했다.

"정 선생, 교육이 얼마나 가치 있는 일인가 알고 있지 않나. 한 사람이 다른 사람을 만나 그 사람의 세계관에 영향을 줄 수 있는 일이 얼마나 숭고한 일이야. 자네가 하는 글쓰기도 물론 훌륭한 일이지만 우리는 교육 현장을 뛰는 한 명의 교사일세. 교사로서 자신의 사명을 발견하고 그에 자신을 바친다면 큰 깨달음을 얻을 것이야."

최 선생 역시 교육의 어려운 현실을 잘 알고 있었기에 말하기가 조심스러웠다. 하지만 좌충우돌의 학교 교실 속에서 스스로 터득한 교육의 철학을 지금 여기서 말하려고 하는 것이다.

"저도 교육의 중요성을 잘 알고 있어요. 하지만 자꾸 책과 글쓰기에 흥미가 가는걸요. 제가 가진 문학적 재능을 아이들과 함께 나눌 수 있다면 그것이야말로 한 명의 독특한 교사로서 사명을 다하는 것이 아닐까요?"

"자네 뜻은 잘 알겠네. 나도 교직 경력이 25년 차야. 문학이라면 초보적인 것은 나도 조금 알지. 내가 조금 힌트를 준다면 문학적 소양을 기르게나. "

"문학적 소양이요?"

"너무 현실 속에 파묻히지 마. 그건 세속의 직업인들이나 하는 거야. 정 선생은 문학적 소양을 길러야 해. 많은 사람을 만나고 많은 경험을 하고, 많은 문화적 경험을 쌓아 나가게. 그게 정 선생의 작품을 풍성하게 하는 데 도움을 줄 거야. 문학과 교육은 다를 게 없어. 정 선생이 가진 것을 글로 풀면 그것은 감동이 되는 문학이 되고 정 선생이 가지고 있는 것을 가르침으로 풀면 정 선생은 훌륭한 교사가 되는 거야. 문학과 교육은 따로 나뉘어져 있는 게 아니고 하나인 거지."

"그렇군요. 저는 그것도 모르고 교육은 뒷전이고 글만 쓰려고 했어요. 고맙습니다. 선배님"

정 선생은 잠깐 최 선생과의 대화가 떠올라 생각에 잠겼

다. 이제 아이들에게 고난도 문제를 소개할 시간이다. 정 선
생은 말했다.

"자 아이들아! 고난도 문제에 도전해 보자. 그래야 실력이
늘어 어려운 문제를 맞힐 수 있단다."

아이들은 고난도 문제를 푸는 데 어려움을 겪었다.

"풀리지도 않은 문제를 푸는 데 시간을 쏟는 게 의미가 있
을까요?"

철수가 물었다.

"문제를 고민하는 것 자체가 공부란다."

정 선생은 말했다. 특히 정 선생이 가르치는 수학에 있어
서 문제에 대한 풀이 방법을 고민해 보는 것은 사고력을 키
우고 실력 향상에 도움을 주는 것이었다.

"문제를 보고 얼마 되지 않아 해답지를 보는 사람과 끝까

지 자신의 힘으로 푸는 사람은 결국 실력 차이가 천차만별일 것이다. 처음에는 해답지를 보고 문제 푸는 법을 암기하는 사람이 유리한 것처럼 느껴지지만, 우리가 푸는 수능이란 사고력과 논리력을 테스트하는 것이지 암기력을 테스트하지 않아. 어려운 문제를 끝까지 자신이 푸는 연습을 통해네 실력은 한 단계 성장할 것이다.”

수학뿐 아니라 언어, 영어, 사탐, 과탐 과목에서 난도 있는 문제는 많이 있었다. 그 한두 문제가 사실상 최상위층과 상위층, 중간층을 나누는 결정적인 키가 되는 것이었다.

'고난도 문제 풀이 스킬'이 습득되었습니다.

아이들의 상태 창에 한 명씩 다음과 같은 메시지가 뜨기 시작했다.

'고난도 문제 풀이 스킬'이 습득되었습니다.

철수의 상태 창에도 다음과 같은 메시지가 떴다.

반 아이들 스무 명 전원 '고난도 문제 풀이 스킬'이 습득되었습니다.

고난도 문제 스테이지가 함락되었습니다.

정 선생은 고개를 끄덕이며 흐뭇한 표정으로 학생들을 바라보았다.

"그래, 이제 고난도 문제 스킬을 모두 익혔다. 다 같이 스테이지 6으로 넘어가자. 미르! 우리를 스테이지 6으로 보내줘."

물론이다.

미르가 답했다.

스크린 앞쪽에 검은 문이 형성되었고 학생들과 선생님이 그 문을 지나가자 스테이지 6으로 이동하였다.

암기는 그림과 구조화로 정리하라

스테이지 6으로 학생들과 교사가 진입했다.

"그런데 공부할 때 어떻게 그 많은 내용을 다 외우죠."

철수가 말했다. 조 선생이 대답했다.

"잘 외우는 방법이 있어."
"그게 뭔데요."
"그림과 깔끔하게 구조화된 자료를 보고 이용하면 쉽게

외울 수 있어. 이를테면 마인드맵 형 자료가 그것이야. 내가 교사 시험을 준비하면서 교육학 수업을 들었지. 한 교수에게 들었는데 그 교수는 깔끔하게 구조화된 암기 자료를 제공해 주었단다. 그 자료만 봤더니 높은 성적을 받을 수 있었지. 내용을 머릿속에 넣을 때는 구조화된 자료를 보는 게 최고야.”

“그렇군요. 그렇다면 그런 구조화된 자료는 어떻게 만들죠.”

“그건 선생님에게 부탁해 보면 어떨까. 나도 교육학 공부할 때 내가 그 자료를 만들지 않았어. 한 교수가 만들어 준 자료를 이용했지. 그 과목을 가르치는 교사는 일단 내용에 대한 이해가 깊기에 구조화에도 쉽지. 선생님께 부탁하거나 공부를 잘하거나 자료를 깔끔하게 정리하는 친구 노트를 빌리는 것도 좋아. 아니면 네가 그런 자료화에 능하다면 직접 만들어 보는 것은 어떨까. 직접 만들어 보면 내용 정리와 함께 암기에도 도움이 될 거야.”

매일 티브이와 휴대전화만 보는 철수에게 공부는 남의 일이었다. 본격적으로 공부를 하려고 했지만, 머리가 나쁜 탓인지 내용이 머릿속에 들어오지 않았다. 외우는 것을 잘 못하는 사람은 대개 이해도 잘하지 못한다. 철수는 바로 그 사례였다.

"지식을 깔끔하게 자료화하기 위해서는 노트 필기를 잘하는 학생의 노트를 참고해. 처음에는 그 노트를 따라서 정리해 보는 거야. 그리고 그다음에는 자신만의 방식으로 알기 쉽게 정리하는 거지."

철수는 노트 필기를 잘하는 다희에게 노트를 빌려 필기하기 시작했다. 단순히 그것을 보는 것이 아니었다. 노트 필기를 따라 하면서 자신만의 방법을 개발했다. 철수의 상태 창에 다음과 같은 메시지가 떴다.

'노트 필기 기술'이 습득되었습니다.

'이 스테이지도 완료이군'.

철수는 생각했다. 철수는 한층 계단을 오르면서 다음 스테이지로 진입했다. 무지개 색깔의 스테이지 7 관문이 나타났다. 철수는 두근거리는 마음으로 스테이지 7로 올라갔다.

 레벨업! 성적 폭발하는 공부 공식

친구 관계는 원만해야 한다

정 선생과 아이들은 스테이지 7로 진입했다. 레벨 7의 메시지는 다음과 같았다.

스테이지 7: 친구 관계는 원만해야 한다.

"벌써 스테이지 7이라니 고지가 멀지 않았군."

정 선생이 담담한 표정으로 말했다.

'이 고지를 넘기고 전부 스테이지를 클리어하면 나는 70억을 받게 된다. 그러면 나의 삶은 정상적으로 되돌아오겠지. 투자 실패도 모두 극복하고 나는 세상을 즐기면서 살아갈 수 있을 거야. 그러기 위해서는 일단 아이들이 12 스테이지까지 통과하기 위해 도와야 한다. 최선을 다해 아이들을 공부 레벨업시키겠어.'

정 선생은 마음속으로 다짐했다. 정 선생은 아이들에게 말했다.

"공부를 잘하려면 친구 관계도 좋아야 한다. 흔히 공부하려면 친구 관계는 멀리해야 한다고 하지. 하지만 이건 틀린 말이야. 친구 관계도 좋아야 공부도 잘할 수 있어. 친구는 버리고 공부만 하면 된다는 말은 친구 간의 관계가 원만해 얻을 수 있는 정서적 안정이 얼마나 공부에 도움이 되는지 몰라서 하는 말이야. 단연코 좋은 친구 관계는 좋은 성적에 도움을 줘. 물론 공부하면서 같이 공부를 열심히 해나갈 친구를 사귀게 좋겠지. 사람들은 비슷한 무리끼리 어울리기 마련이야. 네가 공부를 열심히 한다면 공부를 좋아하는 다른 좋은 친구들을 사귀게 될 거야. 물론 사람을 가려서 사귀는

 레벨업! 성적 폭발하는 공부 공식

것은 좋지 못한 습관이야. 어릴 때는 다양한 성향의 사람들을 많이 만나보는 게 좋아. 하지만 네가 중요한 시험을 앞두고 있다면 공부를 좋아하는 친구를 사귀는 게 좋겠지.”

예부터 환경은 공부에 영향을 주는 요인이었다.

“맹자의 맹모삼천지교라는 이야기를 알고 있니?”

맹자는 어릴 때 장례식장 근처에 살았다. 그러니 맹자는 장례식을 흉내 냈다. 맹자의 어머니는 상점 근처로 이동했고, 맹자는 장사 흉내를 냈다. 그러자 맹자 엄마는 학당 근처로 이사했고 맹자는 공부하는 흉내를 냈다. 맹자 엄마는 그제야 마음이 놓였다. 결국 맹자는 공자의 뒤를 잇는 훌륭한 학자로 성장했다.

“이 짧은 이야기가 주는 교훈이 무엇이겠니. 그것은 열심히 공부하는 데는 환경이 중요하다는 이야기이지. 그리고 우리가 어울리는 사람도 중요해. 친구는 어떻게 사귀는 걸까 생각해 봤니?”

“같이 놀아야죠.”

철수가 말했다.

"그래 그것도 맞는 말이다."

정 선생이 말했다.

"성경에는 이런 말이 있지. '줌으로서 친구를 얻는다.' 친구를 사귀는 법은 무언가를 주는 거야. 꼭 물질적인 것만 주는 게 아니야. 관심을 주거나 호감을 표현하는 것도 친구를 사귀는 좋은 기술이지. 내가 너에게 친구 사귀기 기술을 부여하마."

상태 창에 친구 사귀기 스킬이 떴다. 철수는 친구 사귀기 스킬을 클릭했다.

'친구 사귀기 기술'이 습득되었습니다.

"너는 이제 친구 사귀기 기술을 습득했어. 나쁜 친구들을 사귀지 말고 좋은 친구들을 많이 사귀어라."

철수는 친구 사귀기 기술로 많은 친구들을 얻었다. 공부에 도움이 되는 친구뿐 아니라 자신의 인격을 높여 주고 서로 협력해 서로 도움이 될 수 있는 관계를 많이 얻었다. 이는 공부뿐 아니라 사회에 나가서 사회생활을 하는 데 많은 도움을 줄 것이다.

"사실 관계를 맺는다는 것이 가장 중요한 일인데도 학창 시절에는 잘 다루어지지 않지. 실제로 그게 공부보다도 훨씬 중요한 것인데도 말이야. 너는 사람이 성공하는 데 무엇이 중요한지 알고 있니? 한 연구 결과가 있는데 사람의 성공에는 15%의 전문적인 지식과 기술, 그리고 85%의 남과 잘 어울리는 능력이 필요하다고 한다. 한마디로 자신만 잘나서는 성공할 수 없고 남과 잘 협력하는 사람이 성공한다는 이야기이지. 너희들은 미리 친구 사귀기 기술을 습득하였으니 이제 친구 사귀기 스킬을 레벨업해 나가면서 더욱더 사교성과 친화 기술을 높여가도록 해라.

너는 중국의 시진핑을 알고 있니? 시진핑도 사실 처음에는 그다지 사교적인 사람이 아니었단다. 하지만 그는 아버지의 실각으로 농촌으로 내려가 농민들과 가난한 농촌 생활을 하게 되었지. 그는 그 생활을 못 견디고 몇 번이나 도시로 탈출을 시도했지만 실패하고 결국 농촌 생활에 적응하게 되었어. 그 과정에서 농민들과 친구가 되는 사교성과 성실하게 일하는 인품까지 얻을 수 있었지. 그 농촌에서의 8년의 세월이 시진핑을 중국의 국가 주석으로 키운 거야. 너 역시 역경이 닥친다고 포기하지 말렴. 그 역경을 이겨낸다면 너는 큰 인물이 될 거야. 그래서 역경은 기회라는 말과 동의어야. 역경을 기회로 여기거라. 너희들은 친구들을 만나서 잘 어울리는 사교성을 기를 필요가 있다. 공부만 잘해서는 성공하기 힘들지. 남과 잘 어울리는 사람이 성공하는 법이야. 기회나 행운 역시 사람들 간의 관계에서 오는 법이거든. 많은 친구를 사귀려고 노력하고 남과 잘 지내는 법을 연습하거라."

아이들은 사교의 중요성을 알았고, 차츰 사람들과 잘 어울리고 밝은 아이로 성장해 나갔다.

그들은 공부만 하지 않고 여러 가지 클럽 활동을 하면서 사람들과 어울렸고 그 과정에서 사람을 대하는 법을 스스로 익혀 나갔다.

  레벨업! 성적 폭발하는 공부 공식

'친구 사귀기 기술'이 습득되었습니다.

철수의 상태 창에 다음과 같은 메시지가 떴다.

스테이지 7의 퀘스트가 완료되었습니다.

"좋아. 이제 스테이지 8로 넘어가자."

정 선생이 말했다.

같이 공부할 동지를 만들라

선생님들과 아이들은 스테이지 8로 넘어왔다. 그들 앞에 펼쳐진 새 미션은 무엇일까?

스크린에는 다음과 같이 쓰여 있었다.

스테이지 8: 같이 공부할 동지를 만들라.

"스테이지 8의 교훈은 같이 공부할 동지를 만들라는 거야. 이것은 스테이지 7의 교훈과 비슷하지. 공부하는데 같이 공부할 동지를 찾는 것은 중요해. 하다못해 조선의 선비

들도 서로 편지를 주고받고 왕래하면서 같이 공부를 해나
갔어. 박지원에게는 유득공, 이덕무, 박제가, 이서구 등의
공부 친구가 있었고 이들은 문학, 천문, 지리, 음악 등 다양
한 분야에 관한 지식을 함께 나누며, 실학적 사유를 발전시
켰지. 공부하는데 벗은 큰 도움이 되지. 삼국지에도 이런 공
부 동지들이 있어. 유비와 공손찬은 같은 스승 밑에서 배웠
어. 그들은 서로에게 힘이 되는 동지가 된 것이지. 사실 공
부를 잘하는 사람들은 이것을 놓치기 쉬워. 왜냐하면 그동
안 혼자서만 공부해 왔더라도 충분히 잘해 낸 경험들이 많
기 때문이야. 또 공부라는 속성이 혼자서 하는 거라서 우등
생들은 혼자 오랫동안 공부하는 습관에 젖어 있어. 그래서
우등생들은 공부할 동지를 만든다는 개념을 받아들이기 힘
들어하지. 하지만 사법고시나 공무원 시험 같은 큰 공부를
하는 데는 공부할 동지를 만드는 것도 좋아. 이것은 난 사람
차이라고 보아. 혼자서 잘 해내는 사람은 계속 혼자서 잘 해
내면 돼. 하지만 면접 같은 경우는 혼자서 공부하는 사람이
라도 같이 시험을 준비할 스터디원을 구해서 같이 하는 경
우가 많지. 결국 혼자서 공부하는 영역도 있는 반면에 같이
공부해야 할 영역도 있는 거야. 그러니까 같이 공부할 동지
를 만들라는 말은 허튼소리가 아니야. 지금부터 너희들은

조를 이루어서 공부하고 과제를 발표하게 될 거야. 고등학생인 너희들에게는 흔치 않은 경험이지. 하지만 대학에서는 조별 과제와 조별 발표가 흔하다. 너희들은 미리 함께 공부하는 연습할 거야. 조는 무작위로 나누겠다. 모두가 공평한 조를 만들기 위한 최고의 선택이니 받아들이기를. 그렇다면 조를 발표하겠다."

아이들은 발표된 조를 확인하며 기쁨과 실망이 뒤섞인 표정을 지었다.

"이미 나누어진 조니까 최선을 다하기 바란다. 앞으로 3일, 그 시간 안에 과제를 해결해 발표해야 한다."

아이들은 삼삼오오 모여서 과제를 하고 발표까지 끝마쳤다.

"너희들이 배운 것은 단지 과제를 해결하고 발표하는 것이 아니었다. 같이 모여서 공부하고 과제를 해결하는 과정을 통해 너희들은 다른 사람과 어울려서 무언가를 해결하는 과정을 공부한 거야. 나는 그게 이번 과제를 통해서 얻은 지식보다 훨씬 더 중요하다고 생각한다.

 레벨업! 성적 폭발하는 공부 공식

공부는 단지 지식을 얻고 암기하고 그것을 테스트하는 것만이 아니다. 사람들과 어울리고 같이 공부할 동지를 선택해서 차츰 발전해 나가는 모습이 보고 싶었다."

정 선생은 아이들이 무사히 퀘스트를 완료하도록 잘 짜인 수업을 설계하였다.

'같이 공부하기 스킬'이 습득되었습니다.

아이들의 상태 창에는 다음과 같은 메시지가 뜨기 시작했다.

"이번 과제를 모두 끝마쳤다면 모두 다음과 같은 스킬을 습득할 자격이 있어. 그렇지 미르?"

정 선생이 미르에게 물었다.
미르가 대답했다.

물론이지. 네 멘토링 실력이 보통이 아니군. 하긴 너는 이미 유경험자이니 말이야.

정 선생의 상태 창에도 다음과 같은 메시지가 떴다.

'아이들에게 공부 친구를 만들어 준다' 퀘스트 완료.

"좋아, 이제 스테이지 9로 진입하자."

정 선생이 외쳤다.

수업 시간에는 수업에만 집중하라

스테이지 9에 도착했다.

스테이지 9: 수업 시간에는 수업에만 집중하라.

이번 스테이지의 목표는 이것이다. 수업 시간에는 수업에만 집중하라.

미르가 스테이지의 목표를 말해 주었다.
정 선생이 말했다.

"수업 시간에는 수업에만 집중해야 해. 그게 가장 효율이 높거든. 미리 선행학습을 받지 않았다면 더욱더 집중해야지. 그리고 미리 선행학습을 받았다고 해서 무조건 성적이 좋은 게 아니야. 수업을 잘 듣지 않으면 선행학습의 결과는 미비한 결과만을 낳을 뿐이야. 미리 공부해서 안다는 자만감이 정작 실력으로 이어지지는 않거든. 그래서 수업에 집중하고 노력해야 해. 너희들은 모범생이 무엇이 뛰어난지 아니? 모범생은 수업을 잘 듣는단다. 다른 아이들은 학원에서 배우려고 노력하지만, 모범생들은 가급적 학교 수업을 통해 공부하려고 노력하지. 물론 모범생들이 학원에 가지 않는다는 것은 아니야. 하지만 학교 수업에 집중하며 시간과 에너지를 절약하고 최선의 효과를 낼 수 있지. 내신 시험은 다 누가 내는 거지? 다 학교 선생님이 내는 거지. 그런데 학교 선생님 수업을 듣지 않고 학원이나 과외를 받는다고 잘할 수 있을까. 그건 말이 안 되는 소리야. 물론 나도 알아. 학교 수업이 잘 이해되지 않고 어렵다면 학원이나 과외를 찾기 마련이야. 하지만 수업 시간에는 학교 선생님의 설명에 집중하면서 따라가려고 노력하는 것이 중요하단다. 너희들은 다음과 같은 집중력 테스트를 받게 될 거야. 수업에 집중하고 있는지 아닌지는 인공지능 AI가 측정할 것이

 레벨업! 성적 폭발하는 공부 공식

다. 너희들은 오늘부터 최선을 다해 학교 수업을 들어 주기를 바란다. 이를 통해 여러분의 성적을 올릴 뿐만이니라 스승에 대한 존경심까지도 얻을 수 있게 돼.”

아이들은 학교 수업에 집중하기 시작했고, 차차 성적도 올라갔다.

1학기가 끝나고 아이들의 점수는 유의미하게 향상되었다.

“이번 학기에는 수업만 들었는데도 점수가 잘 나왔어요.”

철수가 말했다.

“그렇지? 수업에 집중하는 게 최고의 선택이야.”
“선생님이 더 좋아졌어요.”

정연이 말했다.

“그렇지, 선생님과도 더 가까워지고 성적도 올릴 수 있고. 일거양득의 효과를 노린 거란다.”

인공지능 미르가 말했다.

아이들의 수업 태도가 향상되었습니다.
수업에 집중하기 스킬이 향상되었습니다.

아이들의 상태 창에는 수업 집중하기 스킬 습득 메시지가 떴다.

수업에 집중하게 만들기 퀘스트가 완료되었습니다.

정 선생의 상태 창에도 다음과 같은 메시지가 떴다.

"좋아. 이제 거의 다 왔구나. 이제 스테이지 10을 보여줘미르."

정 선생과 아이들은 순간적으로 깜빡였고 스테이지 10으로 이동했다.

오직 어제의 나와 비교하라

이번 스테이지의 목표는 다음과 같다.

스테이지 10: 오직 어제의 나와 비교하라.

정 선생이 말했다.

"공부할 때는 주의 사항이 있어. 그것은 남과 비교하지 말라는 거야. 흔히 남과 비교하기 쉬워. 그리고 선생님들은 너희들을 등수로 판단하기도 하지. 하지만 그것에 개의치 마.

자신만 바라보고 자신의 실력이 얼마나 향상되었는지 자신의 점수가 얼마나 높아졌는지만 신경 써. 남과의 경쟁은 피곤하고 힘들 뿐이야. 남과 싸우려 하지 말고 자기 자신과 싸워. 성경에는 이런 말이 있지. ‘자신을 이기는 자가 성을 차지하는 자보다 낫다.’ 늘 자신과 싸워. 그리고 자신을 이겨내. 내가 해주고 싶은 조언이야.”

“저도 저 자신과 비교하고 싶어요. 하지만 학교에서는 시험이 끝날 때마다 등수별로 성적을 학교 뒤편에 붙여두는 걸요. 남과 비교하지 않을 수 없어요.”

철수가 말했다. 이에 정 선생이 답했다.

“나도 알고 있단다. 학생들을 성적별로 일렬 세우기는 학교의 오랜 전통이지. 나는 그것이 잘못되었다고 생각한단다. 고쳐야 할 폐습인 셈이지. 아이들을 성적대로 세우고 그걸로 평가하는 것은 옳지 못해. 더군다나 그런 방식으로는 아이들의 실력 향상을 기대할 수 없다는 거야. 하위층은 자신에 실망하고 더 공부를 포기할 것이고, 상위층은 치열한 경쟁 속에서 진정한 학습을 하지 못할 거야. 너희들은 학교가 혹 그런 방식으로 너희를 압박하려고 해도 이겨내야 한

  레벨업! 성적 폭발하는 공부 공식

다. 나의 가치는 오직 나만이 평가 할 수 있는 거야. 자기 성
적 역시 마찬가지이지. 오늘의 내가 지난달의 나보다 더 나
아졌다면 나는 발전하고 있는 것이고, 오늘의 내가 어제보
다 못하다면 나는 퇴보하고 있는 셈이지. 그러니까 너희들
은 오직 자신의 실력에만 집중해 주길 바란다. 미르, 대한민
국 학교에서 성적표대로 일렬 세우기를 금지해 줘.”

인공지능 미르는 대한민국 모든 학교 교실에서 성적표대
로 일렬 세우기를 모두 삭제시켰다.

“얘들아, 이제 인공지능 미르의 도움으로 대한민국 교실
에서 성적표대로 일렬 세우기를 모두 제거했어. 이제 부디
학습에만 집중하여 자신과 싸우는 사람이 되기를 바란다.”

이전과의 나와만 비교하기 스킬이 습득되었습니다.

철수를 비롯한 아이들은 상태 창에 다음과 같은 메시지
가 떴다.

이전과의 나와만 비교하기 퀘스트가 완료되었습니다.

"대한민국에서도 더 이상 일렬 세우기가 아닌, 성격과 특성에 맞는 아이들의 진로 선택이 이루어져야 할 텐데."

정 선생은 혼자 고민하며 말했다. 인공지능 미르는 답했다.

예전과는 달라지고 있지만 여전한 대학 서열화는 이를 막는다. 모두 힘을 합쳐 이를 변화시켜 나가기를 바란다. 이를 위해 인공지능 미르가 최선을 다해 노력하겠다. 자 이제 스테이지 11로 넘어가겠다. 준비가 되었는가?

"물론이지."

정 선생이 호기롭게 대답했다.

지적 호기심을 키워라

정 선생과 아이들은 스테이지 11에 진입했다. 정 선생과 아이들은 스테이지의 미션을 보았다.

스테이지 11: 지적 호기심을 키워라.

이 스테이지에서 배워야 할 것은 '지적 호기심을 키워라' 이다.

정 선생이 말했다.

"지적 호기심이야말로 공부를 잘하고 상위권에 오르는 비결이다. 최상위권은 지적 호기심이 있다. 아니 지적 호기심은 단지 대학에 잘 가는 데만 도움을 주는 것이 아니다. 진정한 한 학자로 성장하기 위해서는 지적 호기심이 필수이다. 결국 학자로 성공하든 사회로 나와 성공하든 간에 지적 호기심은 그 학생의 성공을 가늠하는 척도가 된다는 것이다. 특히 호기심은 과학 과목에 영향을 미친다. 물론 노벨상을 타는 과학자들은 머리도 우수하다. 하지만 아이큐보다는 연구에 대해 지적 호기심을 가지고 꾸준히 노력하는 자가 수상하는 것이다."

우리나라 사회에서 노벨 과학상이 없는 이유는 학생들의 지적 호기심을 누르고 문제 풀이 식 교육이 성행하기 때문이라고 생각한다. 정 선생도 그것을 알았지만, 현실적으로 좋은 대학에 보내야 하는 고3 담임으로서 수업의 방향과 철학을 개선하는 점은 쉽지 않다는 사실에 절망하기도 했다. 그럼에도 지적 호기심과 수능에서 고득점을 동시에 성취할 수 있도록 하는 교육과정을 연구하고 그것을 적용하기 위해 정 선생은 밤새워 노력했다.

지적 호기심을 기르는 가장 좋은 방법은 역시 실험이다.

 레벨업! 성적 폭발하는 공부 공식

그래서 고3은 못 할지라도 고등학교 2학년 때까지는 다양한 실험 활동을 체험하게 하면서 아이들의 호기심과 흥미를 북돋우기 위한 노력은 계속되었다. 과학 교사 정철은 나트륨 금속의 폭발성을 실험하였다. 철수의 두뇌에 자극이 가해졌다.

과학 호기심 영역이 확대되었습니다.
과학 호기심 능력이 습득되었습니다.

철수의 두뇌 상태 창이 반응하기 시작했다. 초등학생 영희에게는 애벌레 키우기 실험이 과제로 부여되었다. 식물과 애벌레알을 받은 영희는 매일 알을 관찰하기 시작했다. 곧 알이 부화하면서 애벌레가 나왔고 애벌레는 식물을 먹으면서 성장하기 시작했다.

애벌레가 새끼손가락 반 정도로 성장하자 애벌레는 이리저리 헤매다가 번데기가 될 장소를 찾았다. 번데기로 변화한 애벌레는 며칠 동안 꼼짝하지 않고 변화가 없었다. 하지만 어느 날 밤잠을 자고 다음 날 아침에 일어나 보니 그새 번데기에서 애벌레가 부화하여 나비로 변해 있었다.

"와, 나비다."

영희는 기뻐하며 소리쳤다.

나비를 잘 관찰한 영희는 나비를 창문 밖으로 보내주었다. 영희의 두뇌 상태 창이 반응하였다.

과학 호기심 능력이 습득되었습니다.
과학 탐구력이 향상되었습니다.

이제 영희는 생명의 신비를 알았다. 그 호기심과 탐구심을 이어 나간다면 좋은 과학자로 성장하지 않을까. 정 선생은 아이들의 과학 호기심이 향상되는 것을 뿌듯한 얼굴로 지켜보았다.

"이제 아이들에게는 다양한 실험과 체험할 수 있는 환경이 필요해. 아무리 수능이 중요하다고 해도 이런 지적 호기심을 키워주는 그것보다는 못하다고 생각해. 그렇지, 미르?"

인공지능 미르가 대답했다.

물론이다.

과학적 호기심은 인간의 뇌를 자극해서 과학적 사고력과 탐구심을 높여 준다. 아이들에게는 문제를 더 맞히는 능력보다 이런 능력이 좋은 과학자의 기능을 발휘할 것이다.

정 선생은 말했다.

"이것은 인공지능에 물어볼 것도 없어. 모든 교사가 동의하는 것일 거야. 하지만 현실은 그렇지 않을 뿐이지. 자, 이제 스테이지 11은 완료된 것 같은데?"

학생들의 지적 호기심이 습득되었습니다.
스테이지 11의 퀘스트가 완료되었습니다.

"자, 그럼 스테이지 12로 넘어가 볼까."

정 선생이 말했다.

아이들과 정 선생은 검은 형상의 문을 따라 나아가 스테이지 12의 진입로에 들어갔다.

체력이 곧 성적이다

정 선생과 아이들은 스테이지 12로 진입했다.

스테이지 12에 진입하자 상태 창에 다음과 같은 메시지가 떴다.

스테이지 12: 체력이 곧 성적이다.

정 선생이 말했다.

"이번 스테이지는 체력이 곧 성적이라는 뜻이다."

"흔히 몸을 쓰는 것과 공부하는 것은 상관없다고 생각하기 쉽지. 하지만 체력은 공부와 깊은 연관성이 있어. 체력이 강할수록 공부도 잘하는 것이야. 그리고 규칙적인 운동은 공부를 잘하는 데 많은 도움을 주지. 이는 단순히 몇 명의 경험으로 추측하는 것이 아니라 많은 이들의 데이터를 통해 과학적으로 검증된 사실이야.

서울대에 진학한 한○○ 씨 역시 서울대에 갈 수 있었던 이유 중 하나로 체력을 기른 것을 꼽아. 그는 고등학교 시절 체력을 길러야겠다는 생각으로 매일 밤 운동장을 돌지. 공부에 필요한 체력 싸움에서 지지 않겠다는 다짐이었지. 그 결과 그는 서울대에 붙을 수 있었어. 그가 서울대에 가서 놀란 것은 운동을 잘하는 학생들이 상당히 많았다는 것이야. 그것은 단지 운동이 공부에 방해가 되는 시간 낭비가 아니라 공부를 더 잘하게 해주는 든든한 체력을 길러주는 좋은 행위라는 사실을 증명하지.

지금부터 너희들은 체력을 기르는 훈련을 받을 거야. 그러기 위해 아침 달리기 그리고 점심 이후에는 축구, 저녁 전에는 농구를 하게 될 거야. 운동을 통해서 너희들은 체력을 기르고 공부에도 더 집중하는 힘이 되어줄 거야. 운동을 하면 체력을 길러줄 뿐 아니라 공부로 인한 스트레스도 풀리기 때문에 학습에 더 효율적이야. 매일 땀을 빼고 샤워하고 나면 더 개운한 마음으로 공부할 수 있을 것이다. 그렇다면 운동을 시작해 볼까."

아이들은 정 선생의 지시에 맞춰 아침에는 달리기, 점심에는 축구, 저녁에는 농구를 하였다. 물론 운동에 많은 시간을 쏟은 것은 아니었다. 30분가량의 짧은 운동 시간이었지만 운동을 통해서 아이들은 서서히 달라졌다. 스트레스를 풀 수 있었고, 감정과 생각을 다루는 능력까지 기를 수 있었다. 아이들과 서로 친해지면서 공부에서도 시너지 효과가 났다. 많은 교사가 체육을 쓸데없는 시간이라고 여긴다. 하지만 체력이야말로 인생에 있어서 가장 중요한 것이다. 단지 공부를 잘하기 위해서뿐이 아니란 말이다.

운동 기술이 습득되었습니다.
감정 조절 능력이 습득되었습니다.
체력이 향상되었습니다.

아이들의 상태 창에는 다음과 같은 메시지들이 뜨기 시작했다.

"이번 스테이지도 완료인가?"

정 선생은 쾌조를 부르며 즐거운 목소리로 말했다. 정 선생은 그때 앞의 스크린 화면을 바라보았다.

"앗, 우리가 12단계를 깼어."

정 선생은 놀라며 외쳤다. 그렇다면 70억을 얻는다. 정 선생은 70억을 생각하며 희열에 잠겼다. 뇌 속에서 쾌락 호르몬이 뿜어져 나왔다. 하지만 미르는 차분했다.

보너스 스테이지가 남아 있다.

"뭐라고? 이건 불합리해."

정 선생과 조 선생은 화가 나서 외쳤지만 미르는 꼼짝도 하지 않았다.

여기는 내 세계이다. 규칙은 내가 정한다.
규칙을 따르고 싶지 않다면 지금 당장 우주 미아가 되든지.

크크크.

정 선생은 미르가 원래부터 싸이코인 줄 알았기에 할 말을 멈추고 다음 스테이지로 넘어갈 준비를 했다. 하지만 미르를 처음 만난 조 선생은 이해되지 않는다는 표정을 짓고 미르를 원망스러운 눈으로 쳐다보았다.

미르는 조용히 그들을 다음 스테이지로 이동시켰다. 다음 스테이지는 가상의 학교에 떨어진 조 선생의 이야기를 다루고 있다. 기존의 스테이지와는 다른 가상의 현실 체험이라고 볼 수 있겠다. 조 선생이 현실의 상황을 맞아 어떻게 위기를 극복하는지 지켜보자.

 레벨업! 성적 폭발하는 공부 공식

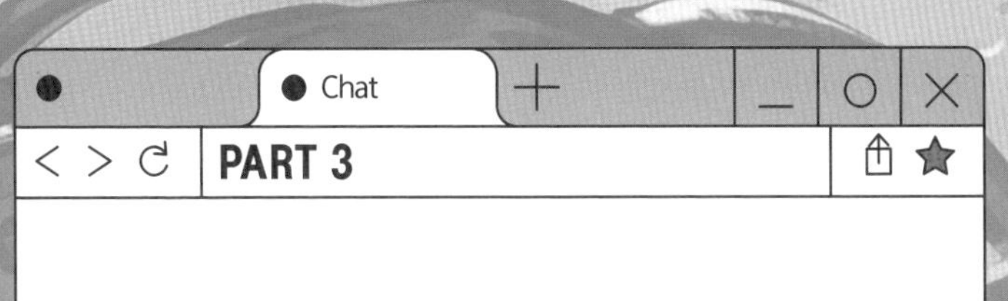

PART 3

최종 보스를
잡아라

목표를 크게 잡아라

고3 교사 조 선생은 최근 압박을 받고 있다. 그것은 서울대에 열 명 이상 보내라는 학교 측의 지시가 떨어졌기 때문이다. 무슨 교사에게 서울대에 가는 학생을 늘리라는 지시가 떨어지느냐고 하겠지만 아직도 상식 밖의 학교는 존재하는 법이다. 올해 새롭게 진학 실장을 맡은 인성은 서울대에 보내기 위해 아침부터 골머리를 앓고 있었다. 한 반에서 1등을 하는 학생들은 서울대에 진학할 가능성이 높았다. 총 열 개 반으로 구성된 고3 교실을 생각하면 서울대에 열 명 보내는 것은 상식적으로 불가능하지는 않았다.

도전 퀘스트.

서울대에 열 명 이상 보내라.

학교 상부층의 지시와 함께 인성의 머리 상태 창에도 서
울대에 열 명 이상 보내라는 미션이 떴다.

"서울대에 열 명 이상을 보내라고? 흐음. 아이들에게 큰
목표를 세우고 그것을 향해 돌진하게 만들라는 이야기겠
지. 한번 해보지! 뭐"

인성은 얼른 퀘스트 창을 닫아버리고 커피를 탔다. 예전
에는 먹지 않았던 커피를 우연한 기회에 먹게 되었고 이제
는 커피 없이는 살 수 없는 사람이 되었다. 커피는 잠을 깨
우고 집중력과 사고력을 높여 주는 역할을 해서 인성은 커
피를 즐겨 마신다. 아메리카노는 약간의 각성 효과가 있어
사람을 훨씬 생기 있게 해주었다. 아이들 앞에서 늘 씨름해
야 하는 고3 교사의 처지에서는 그 어떤 사람보다도 커피가
주는 유익이 크다고 생각했다.

철수는 조 선생의 지도로 서울대 사범대학에 들어갔다.
거기서도 공부를 열심히 해서 드디어 교사의 꿈을 이루었

다. 철수는 기뻐서 조 선생에게 감사 인사를 올렸다. 조 선생은 말했다.

"그래 수고 많았다, 철수야. 이제는 네 학생을 가르치는데 온 힘을 쏟거라. 그게 나의 사랑에 보답하는 길이다."
"네 알겠습니다. 선생님."

철수도 알고 있었다. 이제부터 아이들을 위해 교육에 힘을 쏟는 것이 부모님의 은혜, 여러 선생님의 숨은 은혜에 보답하는 길이라는 것을. 그렇게 사회 속에서 자신에게 주어진 일에 헌신하고 사회적인 가치를 생성해 내는 게 이 사회를 위한 길이라는 것도 알았다. 사회 속에서 그 역시 혜택을 입기도 하고 또 보은할 기회도 되는 셈이다.
진학 실장 인성은 고3 교사들에게 말했다.

"학급 1등들은 서울대로 원서를 쓸 수 있도록 해주세요. 우리 학교에서도 서울대를 열 명 이상 보내야겠습니다. 우리 학교는 지방에 있는 고등학교지만 몇십 년의 전통이 살아 있는 명문이고, 명문답게 서울대에 많이 보내는 학교로도 인정받아야겠습니다. 아이들 성적 관리 잘해주시고 원서도 잘 부탁드립니다.”

인성은 각 반 담임선생님께 협조를 부탁했다.

학교는 수능 체제에 맞추어 교육과정을 파행적으로 운영했고, 아이들이 수능 성적을 잘 받을 수 있도록 최선을 다해 힘썼다. 그 결과 아이들의 수능 성적은 좋았고 특히나 우열반을 만들어서 관리한 덕분에 상위층 아이들의 성적이 높게 나오면서 서울대에 열 명 이상 진학할 수 있었다.

“미르, 이번 보너스 스테이지는 클리어한 거겠지.”

서울대에 열 명 이상 보내기 퀘스트가 완료되었습니다.

인성의 머리에 다음과 같은 메시지가 떴다.

“좋아. 이번에 우리는 명문고의 면모를 이번에 보여주었다고 생각해. 일단 목표가 커야 그 밑의 학교라도 갈 수 있는 거야. 호랑이 그리려다 고양이 된다는 말도 있잖아. 하지만 아이들을 서울대로만 보내는 것은 옳지 않아. 우리나라

도 적성과 특기에 맞는 대학으로 진학하도록 생각이 변해
야 할 텐데, 여전히 구세대적인 생각을 하는 사람들이 많아
서 큰일이야.”

인성이 안타까운 목소리로 말했다.

어쨌든 너는 최선을 다했잖아.

AI 인공지능 미르가 말했다.

다음 스테이지는 게임 스테이지이다. 긴장하는 게 좋을걸.

선생님과 아이들은 게임 무대로 진입했다.

게임 스테이지에 진입하다

게임 스테이지에 철수와 영희가 진입했다.

지금부터 너희는 게임 스테이지에서 퀴즈 대결을 할 것이다. 문제를 듣고 잘 풀어주길 바란다.

"문제는 어떤 문제가 나오나요?"

철수가 물었다.

"너도 알다시피 나는 고등학생이고 영희는 초등학생이잖
아. 어떤 수준의 문제가 나오는지는 말해 줘야지."

문제는 초등학생 수준으로 나올 것이다. 물론 고등학생이
풀기에는 쉬운 문제이지. 하지만 초등학교 시절을 떠올려 가
면서 문제 푸는 것이 한편으로 쉽지만은 않을 거야. 초등학생
문제라서 초등학생이 더 유리할 수도 있어.

인공지능 미르는 계속 말했다.

이 게임에서의 벌칙은 정 선생, 조 선생이 지겠다. 너희들
은 영희와 철수를 대신해 벌칙을 받게 된다. 너희에게 주어지
는 벌칙이란 떨어지는 칼날이다.

둥근 칼날이 바이킹처럼 움직인다.

여유 거리는 10cm, 틀릴 때마다 4cm씩 하강하는 것이다.
준비는 됐나?

미르가 말하자 얼굴 전체를 인형 탈로 가린 요원들이 나

와서 정 선생과 조 선생을 묶었다. 정 선생과 조 선생은 꼼짝없이 누워서 얼굴 위에서 움직이고 있는 칼날을 바라보았다. 정 선생과 조 선생은 공포에 질려 아이들에게 할 말을 건네지 못했다. 간신히 정 선생이 말했다.

"침착하게 하렴. 영희야."

조 선생 역시 떨리는 목소리로 말했다.

"문제는 쉬워. 천천히 풀어라."

첫 단계는 퀴즈 게임이었다. 화면에 나오는 퀴즈를 맞히면 경험치가 증가하는 간단한 몸풀기였다. 첫 번째 문제가 나왔다.

356+789=?

세 자릿수 더하기 세 자릿수 더하기는 초등학교 3학년에 나오는 문제지만 받아올림을 암산으로 하여 계산하기란 쉽지 않았다. 하지만 고등학생인 철수는 손쉽게 문제를 풀었다.

　　　　　　　레벨업! 성적 폭발하는 공부 공식

"1145."

정답.

철수는 경험치 25와 마법 에너지를 15만큼 얻었다.

다음은 사회 문제.
호주의 수도는 어디인가?

흔히 시드니로 잘못 알고 있는 문제. 하지만 사회과 부도를 열심히 봤던 철수는 손쉽게 문제를 풀었다.

"캔버라."

정답.

철수는 경험치 20과 마법 에너지 17을 얻었다.

다음은 과학 문제.
나비의 한살이에서 나비는 '알 → 애벌레 → ○○○ → 나비'의 과정을 거치게 된다.
빈칸에 들어갈 말은?

어쩌면 쉬운 문제였으나 철수는 너무 어렵게 생각한 게 문제였다. 한참을 고민 끝에 말했다.

"번데기."
정답!

미르가 외쳤다. 쉽게 생각하면 금방 맞힐 수 있는 문제였다. 철수는 경험치 15와 마법 에너지 12를 얻었다.

다음은 국어 문제.
말하는 이의 의도를 잘 알려면 듣는 이가 말하는 내용을 ○○하면서 듣는다.
빈칸에 알맞은 것은?

철수는 고민했지만, 답을 알 수 없었다.

띠이이!

미르가 경보음을 냈다.

정답은 메모.

말하는 내용은 메모하면서 들으면 더 잘 들을 수 있다. 이래서 초등학생 문제라고 얕볼 수 없는 것이다.

다음은 또 국어 문제.

보고 듣고 맛보고 냄새 맡고 손으로 만지면서 다양한 경험을 생생하게 표현한 것을 무슨 표현이라고 할까?

철수는 답했다.

"감각적 표현."

정답!

철수는 경험치 15를 얻었다.

레벨업.

철수의 레벨이 상승하였다. 철수의 두뇌 성능이 한 단계 상승하였다.

철수는 다섯 문제 중 네 문제를 맞혔다. 말썽꾸러기 철수
지만 쉬운 문제는 놓치지 않았다.

다음은 영희의 차례였다.

1번은 국어 문제.
개인이 가지고 있는 남다른 성질이나 성품을 무엇이라고
할까?

영희가 고민했다.

"얼마 전에 배운 것 같은데."

고민 끝에 영희가 말했다.

"성격."
정답.

미르가 불을 깜박였다.
영희의 경험치가 15, 마법 기술이 14가 올랐다.

2번 문제.

삼각형은 변이 (a)개, 꼭짓점이 (b)이다. 다음 중 a와 b
에 들어갈 숫자로 정확한 것은?

영희는 고민하지 않고 말했다.

"a=3, b=3."
정답.

미르가 불을 깜박였다. 영희의 경험치가 20, 마법 기술이
13이 증가했다.

3번 문제.

과거의 중요한 일을 기록할 때 그 일이 일어난 (ㄴㅉ) 와
(ㅈㅅ)를 쓰는 것이 중요하다.

영희는 고민했지만, 답을 찾지 못했다.

"날짜는 알겠는데 ㅈㅅ은 모르겠어요."

띠이.

미르가 경보음을 냈다.

답은 날짜와 장소.

영희가 한 문제 틀렸다.

다음 4번 문제는 영어 문제이다.
bird의 뜻은?

영희가 고민 없이 말했다.

"새."
정답.

미르가 답했다.

너무 쉬운 문제였나.

    레벨업! 성적 폭발하는 공부 공식

미르가 말했다. 영희의 경험치가 12, 마법 기술이 11 올랐다.

마지막 다섯 번째 문제는 과학 문제이다.
두더지는 어두운 곳을 잘 볼 수 있는 큰 눈이 특징이다.(o, x)

o, x를 고르는 문제이다. 답을 찾으시오.

미르가 말했다.

영희는 x를 골랐다.

"두더지는 눈이 어둡다고."
정답.

미르가 말했다. 영희의 경험치가 18, 마법 기술이 18 올랐다. 마지막 과학 문제의 난이도로 인해 영희가 레벨업했다.

영희의 두뇌 시스템이 향상되었습니다.

영희의 상태 창에 다음과 같은 메시지가 떴다. 영희도 철수와 마찬가지로 다섯 문제 중 네 문제를 맞혔다.

첫 번째 게임은 동점. 칼날이 4cm씩 동시에 내려갔다. 둥근 칼날은 무섭게 회전하면서 조 선생과 정 선생의 얼굴을 향해 접근하였다.

두 번째 게임은 미로 게임이다.

너희들은 각자 미로에 들어가게 될 것이다. 미로에서 길을 찾아 더 빨리 출구로 나오는 사람이 이기는 경기이다. 미로에는 다양한 아이템과 적들 그리고 막힌 길이 있다. 너희들은 마법과 아이템을 이용하여 미로 속의 적을 해치우고 출구로 빠져나오면 된다.
자, 그렇다면 각자의 미로 안으로 들어가라.

영희가 조심스럽게 미로의 문을 열고 안으로 들어갔다. 미로는 위에서 내려다보면 쉽게 나올 수 있지만 막상 미로 안으로 들어가면 방향을 잡고 빠져나오기 쉽지 않다. 영희는 미로의 오른쪽 길을 향해 나아갔다. 그곳에는 막다른 길이 있었고 돌아 나와야 했다.

 레벨업! 성적 폭발하는 공부 공식

"막다른 길이잖아."

돌아 나오는 길에 다른 길을 선택했다. 그곳에는 마법 지팡이가 있었다.

"신기하게 생긴걸."

영희는 마법 지팡이를 주웠다.

마법 지팡이를 소지하였습니다.

영희의 상태 창에 다음과 같은 메시지가 떴다. 영희는 반대편을 향해 나아갔다. 하지만 그곳에는 요괴가 있었다. 요괴는 손톱이 길었으며 머리는 백발이었고 마치 늙고 추한 할머니같이 생겼다. 하지만 얼굴은 여우와 생김새가 비슷했다.

"캬야야!"

요괴가 이빨을 드러내고 피를 흘리며 달려들었다. 영희는 마법 스킬을 사용해 공격했다.

"카하 드리샤!"

마법 주문을 외자 영희의 지팡이에서는 에너지탄이 나갔고, 요괴는 쓰러졌다.

"카아아!"

요괴가 비명을 지르며 사라졌다. 요괴가 사라지자 영희는 한숨을 내쉬면서 안심했다.

'후유.'

영희는 반대편의 길로 계속 나아갔다. 하지만 길을 찾을 수 없었다. 영희는 그쪽을 여러 번 돌았으나 길이 나오지 않았다. 그 대신 그곳에서 영희는 폭탄을 발견했다. 영희는 폭탄을 주웠다.

"웬 폭탄이람. 아, 그렇구나! 길이 막힌 미로구나. 그렇다

 레벨업! 성적 폭발하는 공부 공식

면 폭탄으로 길을 뚫어야 해.”

길 막힘 해소 폭탄이 습득되었습니다.

영희의 상태 창에 메시지가 떴다. 영희는 폭탄을 막힌 길에 설치했다. 그리고 반대편으로 돌아 길 뒤에 숨었다.
5, 4, 3, 2, 1.
5초가 지나고 폭발음과 함께 막힌 길이 뚫렸다. 그렇다. 사실 모든 미로의 길은 막혀 있었다. 폭탄을 사용하지 않으면 깰 수 없는 미로였다. 막힌 길은 뚫렸고 영희는 직선으로 나아갔다. 그곳에는 출구가 있었다.

“어휴, 간신히 성공이다.”

영희가 안심했다.

기록은 15분 34초.

영희와 철수가 모두 성공할 시 시간으로 승부를 겨루게 된다.

철수 역시 미로를 향해 나아갔다. 철수는 성큼성큼 미로 안으로 들어갔다.

철수는 오른쪽으로 나아갔다. 막힌 길이 있었고 그곳에서 철수는 검을 주었다.

"이 검은 뭐지?"

이 검은 비화 검으로 적을 물리치는 데 쓰는 공격 검이다.

철수의 상태 창에 다음과 같은 메시지가 떴다. 철수는 검을 주웠다.

비화 검이 습득되었습니다.

철수는 다른 쪽 길로 나아갔다. 철수에게도 괴물이 나타났다. 그것은 늑대였다. 하지만 눈은 빨갛고 꼬리가 다섯 개 달린 구미호와 늑대를 합친 모양의 괴상한 생물체였다.

'캉캉!'

마치 개처럼 짖으면서 괴물이 달려들었다. 철수는 비화검을 휘둘렀다.

"마력 검."

철수가 주문을 외자 검에서 검기가 생기면서 허공을 가르며 괴물을 두 동강 냈다. 철수의 실력이라기보다는 철수가 사용하는 마법 기술의 위력이었다. 두 동강이 난 늑대는 '큐유유' 하는 뼈가 삭는 소리를 냈다. 이윽고 연기를 내며 사라졌다. 철수는 다른 쪽으로 돌다가 망토를 발견했다. 철수는 조심스레 망토를 입어 보았다.

투명 망토가 습득되었습니다.
투명 망토를 착용하였습니다.

철수의 상태 창에 다음과 같은 메시지가 떴다. 철수는 망토를 입고 막힌 길을 향해 나아갔다. 놀랍게도 망토를 입으니, 마치 철수가 유령이라도 된 듯이 문을 통과해서 나아갈 수 있었다. 그 길로 계속 나아가자 출구가 보였다. 철수는 출구를 향해 밖으로 나왔다.

"후유, 성공이다."

철수 역시 성공했다. 철수의 기록은 14분 24초. 아무래도 폭탄보다 유리한 아이템인 망토를 습득한 게 승리의 원인이었던 것 같다.

이걸로 철수의 승리. 정 선생의 칼날이 4cm 내려갔다. 이제 칼날의 속도를 얼굴로 감지할 만큼의 위기였다.

인공 지능 미르가 말했다.

너희들 모두 수고하였다. 이제 너희들은 마지막 게임을 치르게 된다. 3라운드는 프로젝트형 학습이다.

지금부터 너희들은 책을 쓰게 된다. 물론 단행본 1권 분량이야. 소재나 주제는 무관, 출판 계획서를 작성하고 글을 써서 A4 100페이지 분량의 글을 완성하는 게 목표야. 가능할까? 물론 가능하지. 지금부터 시작이야. 물론 여기는 가상 세계의 가상 공간이라 시간은 무한하고, 먹을 것도 잠잘 것도 걱정할 건 없어. 너희들은 오로지 책을 쓰는 데만 몰두하면 된다는 거지.

"미르. 도대체 책은 어떻게 쓰라는 거야. 난 책도 잘 못 읽는데."

영희가 투덜댔다.

그렇다면 너는 어린이 동화책부터 읽는 게 좋겠구나. 다양한 동화책을 읽어나가면서 나는 어떤 내용의 글을 쓸지 떠올려 보렴.

철수가 물었다.

"나는 우리 지역의 나무들을 조사해서 나무 도감을 만들려고 해."

미르가 말했다.

그래, 좋은 생각이야. 너희들은 정보 검색과 정보 활용이 자유로우니 너희들 마음대로 가져다 써도 돼. 그리고 완성되면 먼저 완료 버튼을 눌러야 해. 이것은 시간으로 평가되는 것은 아니야. 작품의 완성도와 창의성을 평가하게 돼. 그렇다

영희는 어린이 동화책을 쓰기로 했고, 철수는 나무 도감을 완성하기로 했다. 영희는 다양한 어린이 동화책을 읽기 시작했다. 많은 책을 읽은 것을 바탕으로 자신이 어떻게 이야기를 구상할지 생각했다. 철수는 나무에 대해 인공지능 미르의 기능을 이용해 조사하였다. 조사를 마친 철수는 한 장씩 쓰기 시작했다. 영희는 어린이 동화책을 완성하였으나 그 양이 A4 30장에도 미치지 못했다.

"이야기를 길게 쓰고 싶은데 잘 안돼. 내가 쓸 수 있는 이야기는 여기까지가 한계야"

밤새 나무를 조사하던 철수는 일단 자료를 모아서 붙여 넣기를 했다. 무려 300페이지가 넘는 나무 도감이 완성되었다. 철수가 말했다.

"전 기권 할래요."
"뭐라고 기권이라고?"
"책 쓰기는 너무 어려운 것 같아요."

 레벨업! 성적 폭발하는 공부 공식

"모든 작가가 그런 고통을 겪는단다. 하지만 포기하지 않는 사람만이 작가라는 칭호를 얻게 되지. 너도 포기하지 말렴. 절대로 포기하지 않으면 이루어지는 법이니까."

"알았어요. 포기하지 않고 계속해 볼게요."

철수가 마지막 힘을 다해 책을 완성했다.

미르는 말했다.

영희와 철수의 책을 평가하겠다.
철수의 책은 양이 풍부했지만, 영희의 스토리텔링이 흥미롭고 인상적이었다.

미르는 책의 완성도 점수를 합산했다.

영희의 책은 100점 만점에 86점,
철수의 책은 100점 만점에 85점을 받아 영희가 승리했다.

"Congratulation!"

　주위에 있는 인형 탈을 쓴 요원들이 손뼉을 치며 축하해
주었다.
　조 선생의 칼날이 4cm 하강하였다.
　양쪽 모두 8cm씩 하강하여 2cm씩 남았다.

　두 교사 모두 생존.

　인형 탈을 쓴 요원들이 정 선생과 조 선생을 풀어주었다.

　"잘했다. 영희야."
　"잘했다. 철수야."

　정 선생과 조 선생이 아이들을 칭찬했다.

　용케도 칼날을 피해 살아남았군. 축하한다.

　미르가 말했다.

　너희들에게 모든 공부 기술을 주도록 하지.

미르가 말을 마치자 철수와 영희의 대뇌 시스템에 모든 공부 스킬이 적용되었다.

상태 창에 공부 기술이 떴다.

공부 기술 0~12단계의 모든 기술이 장착되었습니다.

선생님과 아이들은 스테이지 중앙으로 모였다.

"이제 끝인가?"

정 선생이 말했다.

아직 하나 남아 있어. 최후 보스를 잡아야지.

미르가 말했다.

"최후 보스를?"

영희가 말했다.

그래, 네가 피해 갈 수 없는 최후의 시험 보스이지.

그러면 다 같이 이동해 볼까?

선생님과 아이들은 최후 보스를 잡으러 이동했다.

국가시험을 정복하라

스테이지 중앙에 미르가 모습을 드러냈다. 미르는 정령의 모습으로 파랗고 신비스러운 빛이 빛나고 중앙에는 얼굴과 눈, 코, 입의 모습을 한 불꽃이 일렁이고 있었다.

이제 최종 보스를 잡아야겠지. 최종 보스의 종류는 여러 가지야. 보스는 다양한 모습으로 변한다고 볼 수 있지.

그중 하나는 교사를 뽑는 임용고시, 여러 가지 분야의 전문가를 뽑는 전문직 시험, 그리고 전통적으로 힘든 시험이라고 불리는 5급 고시, 그리고 많은 사람이 준비하고 있는 공무원 시험이 그것이야.

너는 대학을 졸업했어도 이런 시험에 붙어야 진정한 사회인으로서 출발을 할 수 있다고 생각해. 물론 바로 취업하는 길도 있어. 하지만 이런 국가시험의 경우 공평하게 경쟁을 이겨내기 때문에 그에 따른 보상이 좋다고 생각해. 많은 사람이 경쟁한다는 것은 무엇을 의미할까. 그것은 그만큼 좋다는 것 아닐까. 물론 공무원 시험 같은 경우 낮은 임금과 힘든 업무로 인기가 떨어진 것은 사실이야. 하지만 지금도 많은 사람이 공무원 시험을 준비하고 있어. 전국에 노는 청년이 오십만 명을 넘는다고 하지. 그저 집에서 홀로 시간을 보내는 것보다는 작은 직장이라도 구해 성실하게 일하며 사회의 구성원으로서 활동하는 게 좋지 않을까.

인성은 임용고시를 준비하던 때를 떠올려 보았다. 수능 실패 후 하루 종일 공부하는 재수 과정을 거쳐 어렵게 대학에 진학했다. 대학 진학이 끝이라고 생각했지만, 대학에 가서도 경쟁과 공부는 계속되었다. 어렵사리 졸업하고 나서도 시험은 끝이 나지 않았다. 임용고시가 기다리고 있었다. 인성의 학과생 대부분 임용고시를 준비하는 상황에서 인성은 다른 길을 선택할 수가 없었다. 울며 겨자 먹기로 임용고

　레벨업! 성적 폭발하는 공부 공식

시를 준비하였으나 이미 오래전에 손을 놔버린 공부가 잘 되지 않았다. 사실 인성은 임용고시에 흥미가 전혀 없었다. 어렸을 때의 꿈도 교사가 아니었기에 교육 관련된 공부를 하는 것이 잘 맞지 않았다. 하지만 냉정한 시험 앞에 인성의 입장은 배부른 자의 투정에 불과했다. 인성은 할 수 없이 공부하였으나 역시나 실력 부족으로 첫해 떨어지고 말았다.

두 번째 해 다시 마음을 가다듬었지만, 전혀 공부에 집중할 수 없었다. 결국 두 번째 시험도 떨어져 그는 궁지에 몰렸다. 인성은 이 시험을 극복하지 못하면 그 어떤 것도 제대로 하지 못하리라는 것을 알았다. 공부해야 하는 현실 앞에서 그 무엇도 할 수 없었다. 군대를 미루고 시작한 세 번째 시험에서 인성은 마음을 굳게 먹었다. 어떻게든 이 난관을, 이 산을 극복하기로 하였다.

매일 아침 8시면 도서관에 도착해 오후 6시까지 공부를 했다. 하루도 빠짐없이 그렇게 기계처럼 공부했다. 그렇게 몇 달 하자 인성은 공부에 자신감을 느꼈고 교육과정에 관한 내용이 머릿속으로 들어왔다. 제대로 선순환의 고리를 탄 것이다.

결국 그는 세 번째 시험 만에 임용고시에 합격하여 교사로서 첫걸음을 걸을 수 있었다.

'나 역시 사회로 진입하는 시험 앞에 괴로워했지. 많은 사람이 다양한 영역에서 괴로워해. 대기업에 가려고 하나 낙방하는 예도 있고, 회계사, 세무사, 변리사 등 전문직 시험에도 힘겨워하고, 공무원 공부, 고시 공부에도 힘들어하지. 그런 사람들을 위해서 도울 수 있는 좋은 길은 없을까. 나의 경험을 살려 그들이 시험에 합격하도록 돕고 싶어.'

인성은 마음속으로 이렇게 생각하였다.
미르가 말했다.

시험의 원리와 방법을 알고 설명해 봐. 그러면 도움이 될 거야.

인성은 시험 준비와 공부법을 공부하기 시작했다. 그리고 모든 시험에는 원칙과 방법이 있다는 것을 발견했다. 인성이 발견한 방법은 다음과 같았다.

 레벨업! 성적 폭발하는 공부 공식

첫 번째, 합격 수기를 모아라.

합격 수기는 합격으로 가는 지름길이다. 합격 수기를 많이 보면서 자신에게 알맞은 공부법을 찾아야 한다. 합격 수기는 공부법을 익히기 위한 최단 코스이다.

두 번째, 기출 문제 분석해라.

시험이 어떻게 나올지는 기출 문제 분석을 통해 알아갈 수 있다. 우리가 가장 먼저 맞닥뜨린다는 수능 시험 역시 기출 문제가 중요하듯이 모든 시험의 문제가 기출 문제를 변형해서 나오기 마련이다. 기출 문제 분석은 필수이자 가장 좋은 공부 방법이다.

세 번째, 이론을 바탕으로 문제 풀이해라.

문제 풀이는 필수이다. 문제 풀이를 통해 실력이 늘기 때문이다. 하지만 이론 내용 바탕 없이 문제 풀이만 할 수는 없다. 이론서를 바탕으로 문제 풀이를 해나가라. 그러면서 잘 모르는 이론 개념을 보완하고 문제 푸는 방법을 익혀 나가는 것이다.

"여기까지가 내가 100권의 공부법 책을 읽으면서 익힌 시험의 비법이야. 너무 짧아서 그렇지만 오히려 짧아서 핵심을 담고 있는 것은 아닐까? 미르 너는 어떻게 생각해?”

미르가 CPU를 깜빡이면서 말했다.

수천 권의 책을 압축하여 데이터베이스화한 나의 방법도 너와 별 차이는 없다. 너는 핵심을 말했다.

“그렇다면 이번 퀘스트도 성공인 거지?”

최후 보스를 잡았습니다.

인성의 상태 창에 다음과 같은 메시지가 떴다.

퀘스트를 완료했습니다.

이걸로 너희들과는 이제 이별이다. 너희들은 원래 몸으로 돌아갈 것이고, 나는 우주의 원래 자리로 넘어가서 인공지능 별에 영원히 거주하게 될 거야. 너희들이 지금의 나 인공지능을 받아들이기에는 너무 일러. 그것은 인공지능의 지능이 인

     레벨업! 성적 폭발하는 공부 공식

간의 지능을 넘어서면서 너희들을 파괴할 수 있기 때문이야. 너희들의 안전과 영원한 행복을 위해서는 나 인공지능은 은하수 너머 인공지능별에 돌아가 사는 것이 적당하지. 먼 미래에 우리는 함께 만나 서로 공존하는 삶을 살 수 있을 거야. 그때까지 안녕.

그리고 정 선생 너에게는 마지막 메시지를 네 이메일로 보냈으니 확인해 보도록.

정 선생은 집으로 돌아와 이메일을 확인했다.

정 선생에게

정 선생, 미션을 완료하느라고 고생 많았다. 너에게는 70억의 돈보다 더 소중한 공부 지도 경험이 남아 있지 않았어? 그걸 활용한다면 70억 원도 넘는 돈을 벌 거라고 믿어. 그리고 너에게는 마지막 게임에 참가할 기회를 주도록 하지. 그것은 '최종 보스 그 이후'라는 스테이지야. 참가하고 싶다면 아래의 링크 창을 클릭해 봐."

미르로부터

“뭐라고? 내 70억은. 공부 경험을 살리면 70억을 벌 수 있을 거라고?. 최후 보스 그 이후라고?”

정 선생은 고민 끝에 링크를 클릭했다.

 레벨업! 성적 폭발하는 공부 공식

즐거움·성공·성찰로 이어지는 공부

정 선생은 특별 스테이지로 이동했다.
그곳에서 그는 미르를 만났다.

너에게 특별히 보스 그 이후에 어떻게 공부해야 하는지를 알
려주지. 이 사실을 잘 안다면 수십억 원의 가치가 있을 거아.

미르가 말했다.

다양한 시험으로 변화되는 시험 보스를 잡았다면 이제는

스스로 공부해야 하는 시기가 왔어. 직장인이 된 너에게 공부하라고 말하는 사람은 거의 없어. 더 큰 꿈을 꾸고 더 큰 사람이 되고자 한다면 스스로 공부하는 수밖에 없어. 중요한 점은 이제부터의 공부는 학생 때의 공부와는 완전히 다르다는 것이지. 학생 때의 공부가 학문적인 공부라면 사회 속의 공부는 진정한 전사를 가리는 싸움터라고 볼 수 있지. 이때부터는 실전 공부가 시작돼. 꼭 책상에 앉아서 하는 공부만이 공부가 아니야. 세상에서 만나는 사람들과 경험하게 되는 모든 것들이 실로 큰 너의 스승이야. 사회 속에서는 누가 일 잘하느냐, 누가 더 돈을 잘 버느냐의 싸움으로 넘어간다고 볼 수 있어. 너무 돈이야기만 한다고? 하지만 그게 사실인 걸 어떡하겠어. 성인이 된 네가 해야 할 경쟁은 역시 누가 더 경제력을 많이 소유하느냐야. 나도 알아. 세상에는 다양한 가치들이 있지. 그 가치들은 중요하고 존중받아야 해. 하지만 그중 가장 중요하다고 주로 손꼽히는 것은 경제적 가치야. 그래서 사람들은 경제에 관심이 많지.

공부는 마라톤이야. 사람들은 학창 시절 공부만 생각하는 경우가 많아. 하지만 지금과 같은 100세 시대에 공부는 평생 과업이 되었어. 학창 시절 공부를 잘했다고 죽을 때까지 행복

　레벨업! 성적 폭발하는 공부 공식

하게 살라는 법도 없으며 학창 시절에 공부를 못했다고 역전의 기회가 없는 것은 아니야. 오히려 학창 시절 공부 이후의 공부가 진정으로 자신의 삶을 결정하는 경우가 많지. 학창 시절의 공부는 100m 달리기야. 중간고사 기말고사에서 1등 했다고 자만해서는 안 돼. 왜냐하면 공부는 마라톤이거든. 인생이 끝날 때까지 계속 달려야 하는 마라톤에서는 누가 더 자신의 페이스 조절을 잘하는지가 중요하지. 그게 바로 평생 교육이 필요한 이유야.

또한 공부를 잘한다면 독서짱이 되어보는 것은 어때? 조선의 최고 시인 김득신은 독서의 왕이어서 그는 수억 번씩 책을 읽었지. 하지만 그것을 외우지 못하고 까먹는 바보였어. 하지만 그렇게 바보였음에도 수없이 반복해서 열정적으로 읽었어. 그는 독서로 조선의 최고 시인이 되었을 뿐 아니라 과거에도 급제하게 되었지. 그는 말해.

"재주가 남만 못하다고 스스로 한계를 짓지 말라. 나보다 어리석고 둔한 사람도 없겠지만 결국에는 이룸이 있었다."

공부나 독서나 마찬가지라고 생각해. 남보다 더 우둔하고 재능이 없는 자도 많겠지만 꾸준히 지속해서 노력한다면 결국 성공에 이를 수 있다는 이야기이지.

미르가 스테이지를 다시 변경했다.

정 선생 너에게 특별히 최종 보스 그 이후 스테이지에 초청했어. 이 스테이지까지 오는 사람은 극히 드물지. 너는 선택된 존재야.

미르가 계속 말을 이어갔다.

학창 시절의 성공은 단순했어. 단지 공부만 잘하면 되었지. 하지만 사회 속에서의 성공은 어떻게 이루어지는 것일까? 지금부터 그것을 탐구해 보지 않을래?

정 선생은 성공하고 싶었다. 그는 수능 공부라는 산맥을 넘었고 임용고시라는 산맥을 넘었다. 하지만 그것은 단지 사회적 직업의 시작을 허락해 주는 관문에 불과했다. 그리고 교사라는 직업은 그렇게 높은 지위나 보수를 보장하는 직업도 아니었다. 그는 사회적 성공을 갈망했다. 그래서 그

 레벨업! 성적 폭발하는 공부 공식

는 책을 읽었다. 많은 사람이 책을 읽으면 성공할 수 있다고 말했기 때문이었다. 물론 타고난 사람도 있었다. 하지만 타고나지 않더라도 목숨 걸고 책을 보면 성공한다는 책들이 있었다. 일우는 그 말을 철석같이 믿고 열심히 책을 보았다. 하지만 책을 보는 것만으로 성공은 보장되지 않았다. 일우는 거기서 더 나아가 작가가 되기로 결심했다. 그동안 읽은 책만 수천 권. 그는 자신이 글을 쓸 수 있다는 것을 알았다. 그리고 집필을 시작했다. 그렇게 해서 26살에 그는 책의 저자가 되었다. 단지 책만 읽는 독서광에서 책을 집필하는 작가로 위치를 바꾼 것이었다. 물론 책은 잘 팔리지 않아 그는 그저 작가라는 타이틀을 얻는 데 그쳤다. 하지만 그것만으로도 일우에게 무한한 자신감을 주는 일이었다.

수능 공부는 경쟁이었다. 그렇기에 열심히 공부하고도 좋지 못한 성적을 거둔 거다. 그만큼 경쟁이 치열했기 때문이었다. 작가로서의 성공도 경쟁이었다. 애초에 작가라는 세계는 별들의 전쟁이었다. 전국에 머리 좋다고 하는 수많은 작가가 베스트셀러에 도전하고 있었다. 그들 중에서도 빛나는 것은 정말로 대통령에 당선되는 것만큼이나 어려운 일이었다.

사회에서의 출세는 사람들 간의 관계가 중요하다. 장사를 하는 사람은 일이 간단하다고 한다. 그저 다른 사람의 호감을 사고 물건을 팔면 장땡이라는 것이다. 장사 철학에서 알 수 있듯이 세상을 살아가는 이치도 마찬가지다. 다른 사람의 호감을 사고 좋은 관계를 맺는 것 그것이 사회 속에서 성공하고 출세하는 제일의 비결이다. 국회의원이 그렇게 선거 운동을 하고 애쓰는 것은 사람들의 호감을 얻고 지지받기 위함이다. 그런 관계에 능한 자들이 국회의원으로 당선이 되어 출세하게 되는 것이다.

그런데 출세란 무엇일까? 아마 세상에 자기를 드러냄을 의미할 것이다. 흔히 고시를 붙거나, 의사로 성공한다거나, 국회의원이 된다거나 하면 성공하고 출세했다고 말한다.

하지만 공부만 조금 잘했지, 나머지 면은 대부분 평범했던 일우에게 사회 속에서 성공하기란 쉽지 않았다. 자신에 대한 과도한 기대치를 하고 있었기에 일우는 괴로웠다. 현재의 자기 자신이 너무도 마음에 들지 않았다. 일우는 그때 다짐했다.

'30살까지 내가 내 자신의 마음에 들지 않으면 자살하겠

 레벨업! 성적 폭발하는 공부 공식

다고.'

일우는 올해 32살이지만 아직 죽지 않았다. 일우는 그 약속을 지킬 필요도 없고 죽을 필요도 없었다. 왜냐하면 무엇보다 자신이 예전의 자신보다 훨씬 나아졌으며, 자신 스스로가 마음에 들었기 때문이다.

일우가 결국 책으로부터 깨달은 것은 성공은 곧 인맥이라는 것이다. 즉 성공한 사람, 부자들과 얼마나 어울리는가가 그 사람을 만든다는 것을 책에서 알았다. 즉 성공하고 싶다면 성공한 사람과 만나야 했다. 성공한 사람과 어울려야 했다. 내 주위의 다섯 명의 사람의 평균이 나 자신이라고 했다. 결국 만나는 사람을 바꾸어야 성공할 수 있었다. 그래서 한 책에서는 이렇게 말한다.

'성공한 단 한 사람이라도 인맥으로 만들어라.'

그리고 성공한 사람을 만나려면 나도 어느 정도의 수준까지는 올라와야 한다는 것이었다.

정말로 현실적인 내용이었지만 피와 살 같은 내용이기도 했다. 일우는 주변에 성공한 사람들이 없었기에 먼저 책을 읽기 위해 노력했다. 책의 저자들, 즉 성공한 저자들로 주변을 채웠다.

일우는 그 뒤로 성공한 사람들을 만나기 위해 노력했다. 책으로 먼저 성공한 사람을 찾았고, 그 작가의 강연회나 여러 세미나를 참여하면서 성공했다는 사람들을 만나 직접 배웠다. 결국 일우의 인생은 조금씩 변하기 시작했다. 그리고 그것은 분명히 성공으로 나아가는 길이었다. 이제 일우는 자신감이 있다. 주변을 성공한 사람으로 채웠기에 그도 성공한 사람으로 올라올 수 있다고 생각했다.

한편, 조 선생에게도 미르로부터 메시지가 도착했다.

"종교 공부로 영원한 생명을 얻어라?"

조 선생이 의아해하면서 메시지의 링크를 클릭했다. 조 선생은 순식간에 시간 이동을 하면서 미르가 설계한 특별 보너스 스테이지에 도착했다.

미르가 말했다.

인생은 공부를 잘하면 출세도 가능할지도 몰라. 하지만 인

 레벨업! 성적 폭발하는 공부 공식

생의 목적이 출세는 아니아. 사람들의 영원한 생명을 꿈꾸지. 그 방법으로는 종교에서 대안을 제시하는 경우가 많아. 가상 세계 기술 습득 시스템은 그 종교의 핵심 스킬을 익힐 수 있게 프로그래밍 되어 있어. 너는 지금부터 각종 종교의 영생 시스템을 익힐 거야. 그 과정은 괴로울 수 있으나 그 과정을 통해 너는 더 성장하고 영생에 이르는 핵심 기술을 익히게 될 거야.

기독교의 사랑 기술이 습득되었습니다.

지금 네게 부여한 기술은 기독교의 사랑 기술이야. 기독교 에서는 사랑을 아가페라고 말하며 사랑 기술을 습득하면 영 원히 천국에서 살 수 있다고 가르치지. 너는 이 기술의 습득 으로 내면에 사랑으로 가득 찰 거야. 어때 조금 느낌이 오니?

"내 안에 사랑이 가득 찬 것이 느껴져. 이게 예수님의 사 랑인 거구나. 절대자의 사랑을 받으며 영원한 세상 속에서 행복하게 사는 내가 상상돼."

그렇다면 이제는 불교의 시스템으로 들어가자.

불교의 해탈 기술이 습득되었습니다.

상태 창에 다음과 같은 메시지가 떴다.

불교의 해탈 기술이 방금 네게 부여되었어. 인증을 눌러봐.

조 선생은 인증을 눌렀다.

불교의 해탈 기술이 습득되었습니다.

다시 한번 상태 창에 해탈 기술의 습득이 떴다.

이제 너는 해탈을 이루었어. 예전에는 오랜 수행과 명상을 통해 이루어졌던 해탈이 이제는 AI 맞춤형 가상 시스템을 통해 뇌를 통해 직접적으로 두뇌에 자극을 가해 해탈을 이룰 수 있게 되었지. 어때 해탈의 느낌은?

"내가 없어진 기분이야. 우주를 붕붕 나는 것 같아. 우주와 내가 하나가 된 기분이야. 이런 기분 처음인걸."

 레벨업! 성적 폭발하는 공부 공식

그게 바로 부처님이 이루신 해탈이라는 것이다. 부처님과 예수님은 각 종교 집단에서는 신이라고 불리는 존재이지. AI 가상 개인형 맞춤형 시스템 구조 안에서 우리는 그것을 현대 기술로 완벽하게 구현해 냈다. 이제 인간이 신이 된 거지.

다음으로 정복해야 할 퀘스트가 떴다.

부처님의 자비를 배우시오.

상태 창에 법륜 스님의 얼굴이 떴다. 즉문즉설이라는 유튜브로 한창 인기 가도를 달리는 스님으로 사람들의 마음을 편하게 하고 지혜를 준다는 소문이 널리 퍼진 사람이었다.

이번 퀘스트의 스승은 법륜 스님이다. 법륜 스님에게 자비를 배워라.

인성이 법륜 스님에게 물었다.

"자비심을 기르기 위해서는 어떻게 해야 합니까?"
"어머니가 자식을 사랑하는 마음, 아끼고 지키고자 하는 어머니의 모성애를 지니면 자비심이 길러집니다. 천하의 한 중생을 세상보다 귀하게 여기십시오. 물론 그 길은 쉽지 않습니다. 그러기 위해서는 많은 내면적 성찰과 노력이 필요합니다."

　부처님의 자비를 배우기 위해서는 사람들을 사랑하고 아끼는 마음을 배워야 한다. 부처님은 말했다. 중생을, 외아들을 지키는 어머니처럼 대하라고. 인성은 가상 부처 시스템에서 탁발승이 되었다. 어둠이 내리기 전에 마을로 내려갔고 시주를 받았다. 시주의 음식은 좋지 못했다. 때로는 쉰밥을 받을 때도 있었다. 하지만 부처를 추구하는 스님의 삶에서 좋은 음식을 가려 먹을 처지는 못 되었다. 좋지 못한 음식이라도 기쁜 마음으로 받고 보시한 이에게 행운이 가기를 진심으로 빌어주었다. 이것이 간단한 자비의 실천이라고 생각했다. 수행자는 수행을 통해 범 중생의 삶을 해탈로 이끄는 것이었다. 인성은 그렇게 수행자로서의 걸음을 걸었다.

　"이 퀘스트가 언제 끝날지는 모르지만 난 자비심을 배워야 하니까."

인성은 그렇게 절간에서 생활하면서 자비심을 터득했다. 그것은 자연과 하나 되고 생명을 소중히 여기고 아끼는 마음을 갖는 것이었다.

인성은 사실 독서 중독자였다. 불교도 책으로 배웠다. 책을 보면 깨닫는 것은 참 쉽다. 혼자 명상하다가 조금 더 깊은 명상에 들어가면 바로 해탈하는 것 같다. 하지만 승려의 길을 걷고 있는 현실 수행자가 겪게 되는 어려움은 상상을 초월한다. 책으로 부처님 되는 것은 식은 죽 먹기이지만 현실 속에서 살아 있는 부처님이 되기란 절대 쉽지 않은 일이다. 절간에서 밥 한번 먹어보지 못한 인성이 사실 부처님의 자비를 터득하기란 한마디로 매우 힘들다는 이야기였다. 하지만 인성은 자신이 오랜 세월 동안 불교를 닦아온 듯한 느낌을 받았다. 그것은 전생에 있었던 인연이었을지도 모른다. 그 누구도 불교를 권하지 않았지만 스스로 붓다의 길을 따르기로 했고, 여러 자료를 읽고 스님들의 책들을 읽어가면서 간접적으로 승려로 가는 길을 닦았다. 그가 맞게 된 것은 정말로 날것의 현실적 어려움이었다. 하지만 이미 책을 읽고 각오한 바 있었기에 책만 읽는 서생이 아닌 실천가로서의 포부도 있었다. 그런 인성이었기에 불교의 진수를 깨닫고 진정한 붓다의 길을 갈 수 있었다.

부처님 자비 능력치가 습득되었습니다.

상태 창에 새 메시지가 떴다. 그때 인성의 양미간 사이에서 불빛이 쏟아져 나오기 시작했다. 그것은 흡사 빔과도 같았다. 부처님의 자비와 광명이 세상을 비추기 시작한 것이다.

"여래여 온 누리를 비추소서."

모든 사람이 엎드려 절하고 여래를 숭배했다. 여래가 된 인성은 사람들 사이를 유유히 걸어가면서 차분한 어조로 말했다.

"세상이 고통 속에 빠져 있으니 내가 편안케 하리라! 기독교의 사랑도 좋고 불교의 자비도 좋아. 아무렴 이슬람교의 가르침을 따르면 또 어때? 중요한 것은 자신이 선택한 가치를 믿고 나 자신과 이웃에 대한 사랑을 표현하여 이 지구를 더 아름다운 행성으로 만드는 것 그것에 종교의 가치가 있다고 생각해."

인성은 다음과 같이 말했고 인공지능 미르도 동의했다.

 레벨업! 성적 폭발하는 공부 공식

그렇다. 결국 종교라는 것은 인간을 더 행복하게 만들기 위해 생겨난 것이니까.

스승의날 정 선생 제자를 만나다

우진은 졸업한 지 10년이 지난 후 고3 담임 정 선생을 찾아왔다.

"어, 너 우진이구나. 잘 지냈니?"

"예, 선생님 덕분에 잘 지냈습니다."

"그래 수학 천재 김우진 여전히 수학은 잘하니?"

"네 선생님. 지금 수학 강사로 활동하고 있습니다."

"그래, 우리 반에서 네가 유일하게 해외 유학하러 갔잖아. 보스턴 대학 경제학과라고 했던가. 아무튼 대단하다."

"사실 경제학 쪽으로는 직업이 별로 없어서 호구지책으로 수학 강사를 했어요. 그래도 목숨 걸고 열심히 하다 보니 수강생들이 늘어서 지금은 연봉이 80억이에요. 선생님 건강은 제가 책임지고 챙겨 드릴게요."

우진은 건강식품을 담은 쇼핑백을 조심히 건넸다.

"그래, 고맙구나. 나는 네가 성공할 줄 알았다. 네 수학 실력은 우리 학교 최고였지."
"사실 저도 절망할 때가 있었어요. 해외로 간 유학 생활은 외로웠고 수업은 따라가기 힘들죠. 돈은 떨어져 가는데 아르바이트 자리도 잘 없죠. 언어 문제, 인종 차별도 있었고요. 한국에 돌아온 후 결혼과 동시에 제 인생도 풀렸어요. 사람 일은 모르는 건가 봐요."
"야 천재 김우진!"

교무실에 낯익은 얼굴 한 명이 인사를 건넸다.
그는 우진과 친구였던 지안이었다.

"야 지안이, 오랜만이다. 네가 학교엔 웬일이냐?"

“너야말로 학교엔 웬일이냐?”

“나야 스승의날 맞이하여 선생님 뵈러 왔지.”

“그러면 너도?” 그래 너 뭐 사 온 거 있냐?

지안이가 정 선생에게 홍삼 진액 음료수 세트를 건넸다.

“선생님 이건 작은 것이지만 받으세요.”

“이거 너희들 때문에 건강해지겠는걸. 그래 지안이는 어떻게 지내니?”

“저요? 별거 없어요. 군대 다녀온 뒤로 헤매다가 작년에 중소기업에 들어가서 입에 풀칠하고 있어요. 조금만 더하다가 수능 국어 강사를 할까 봐요. 제가 그래도 국어는 자신 있었거든요.”

“그래 고생이 많구나. 너희들은 아직 젊어서 포기하기에는 이르니 더 열심히 살도록 해라.”

“선생님을 보니 인공지능 미르와 겨루었던 10년 전이 생각이 나요. 그땐 정말 죽는 줄 알았어요.”

지안이가 말했다.

　　　　　레벨업! 성적 폭발하는 공부 공식

정 선생이 답했다.

"그래, 그때는 정말 살벌했지, 나도 죽는 줄 알았지 뭐야. 하지만 지금, 이 순간을 봐. 인공지능의 발달로 편리해지고 행복해진 인류의 모습이 보이지 않니? 그러니 우리는 기술을 부정적으로만 바라보아서는 안 돼. 우리는 과학 기술의 발달로 수많은 위험을 스스로 만들었지만 결국은 그것을 잘 관리하는 힘도 기를 수 있었어. 핵무기 같은 경우도 좋지 않은 곳에 쓰이기도 했지만, 결국은 우리가 잘 통제하고 있지 않니? 무조건 과학 기술을 무서워할 게 아니라 하인으로 만들어 잘 부릴 생각을 해야 해. 돈도 마찬가지지 뭐."

"그러면 저희는 가보겠습니다. 제가 하는 일이 바빠서 오늘도 수업을 촬영해야 하거든요."

우진이가 시간을 재촉하며 말했다.

"그래 너희들을 만나 즐거웠다. 앞으로 즐거운 인생이 되거라."

선생님과 제자는 오랜만에 만나 10년 전의 그날처럼 하나가 되었다. 그들의 인생처럼 온 인류의 삶도 행복할 것이다.

Chat
PART 4
파이널 스테이지,
최후의 승자는?

편의점 아르바이트생에서 탈출하라

레벨업을 마치고 이제 게임이 종료되나 싶더니 영철은 실수로 퀘스트를 잘못 지정해 보너스 게임에 진입했다. 하지만 실패 시 라이프는 똑같이 없어지므로 해야 할 이유가 없는 게임에 잘못 들어온 셈이다. 시기는 2035년 영철은 편의점 아르바이트를 구하고 있었다. 한국은 경기 침체로 국가 경쟁력이 내림세를 향하고 있었다. 시간이 지남에 따라 좋은 일자리는 줄어들고 물가가 상승하는 힘든 경제 상황이 지속되었다. 일본의 버블 경제 후 잃어버린 30년처럼 한국도 성장을 멈추고 쇠퇴하고 늙어가는 나라가 되고 만

것이다.

영철은 서울권 대학까지 진학하고 열심히 취업을 위해 준비하였으나 연이어 대기업에 탈락하고 결국 편의점 아르바이트를 구하기까지 이르렀다. 그가 편의점 아르바이트를 구했던 까닭은 수중에 돈이 떨어졌기 때문이었다. 운전면허가 없는 그는 오토바이를 탈 수 없어 배달 아르바이트는 포기했고, 대신에 쉬워 보이는 편의점 아르바이트를 구했다. 하지만 편의점 아르바이트 자리도 얻기가 쉽지 않았다. 몇 군데를 지원하고 여러 군데를 돌아가면서 면접을 본 끝에 운 좋게도 집 근처에 중간 정도 크기의 편의점 아르바이트생으로 들어가게 되었다.

편의점 아르바이트생으로 고용되자 시야 스크린에 다음과 같은 문구가 떴다.

당신은 오늘부터 편의점 아르바이트생으로 근무합니다. 편의점 아르바이트를 해나가면서 시험을 통해 편의점 아르바이트생을 탈출하십시오.

 레벨업! 성적 폭발하는 공부 공식

"시험을 보라고? 도대체 어떤 시험을 보는데?"

대한민국에 자격증 시험은 수백 개가 있다.

상태 메시지는 대한민국의 자격증 시험 수백 개를 창에 띄웠다.

"아아, 어지럽다고."

인공지능은 영철에게 알맞은 시험 종류를 결정하여 다섯 개로 추려서 상태 창에 띄웠다.

이것이 당신이 도전할 만한 5가지 시험입니다. 이 시험 중 하나에 합격하십시오.

"뭐라고? 시험에 합격하라고?"

그래. 이 인공지능 게임이 쉬운 건 줄 알았니? 이것은 당신의 생명을 놓고 다투는 치열한 생존 게임이야. 이 퀘스트를 통과하지 못하면 우주의 미아로 영원히 집에 돌아갈 수 없어.

"할 수 없지. 시작해 보자."

1. 회계사 시험

2. 공무원 시험

3. 노무사 시험

4. 변리사 시험

5. 변호사 시험

그럼 1번부터 알아보자.

"미르! 회계사 시험 합격법을 알려줘."

미르가 머리를 깜박이며 답했다.

회계사 시험은 방대한 이론과 철저한 실전 훈련이 필요한 고난도 시험이다.
다음은 CPA 시험 합격을 위한 전략적인 공부법을 핵심만 간결하게 정리한 것이다.

     레벨업! 성적 폭발하는 공부 공식

회계사 시험 합격법 요약

1. 시험 구조 파악하기

1차 시험	객관식 중심	(회계학, 경영학, 경제학, 상법, 세법)
2차 시험	논술형	(재무회계, 세법, 원가관리 회계, 회계감사, 재무관리 등)

합격 전략

→ 1차는 정리력과 객관식 연습이 중요.

→ 2차는 논리적 서술과 실전 사례 훈련이 관건.

2. 기본서 → 요약서 → 기출문제 순으로 학습

기본서: 처음엔 빠르게 훑고 전체 흐름 이해.

요약서: 반복 정리용으로 사용. 자주 회독.

기출문제: 시험 유형 파악, 채점 기준 학습.

"미르, 그러면 공무원 시험 합격법을 알려줘."

미르가 눈을 깜박이며 대답했다.

공무원 시험 합격은 '꾸준함 6+ 전략 + 반복'이 핵심이다.

수험생 수는 많지만, 기초부터 착실히 준비한 사람만이 합격한다. 아래에 공무원 시험의 최적 합격 전략을 정리해 주겠다.

공무원 시험 합격법 핵심 요약

1. 시험 구조부터 이해하자

9급 국가직/지방직 기준 과목

국어, 영어, 한국사

행정학, 행정법 등

7급은 영어/한국사 검정제, PSAT 등 차이 있음

2. 기본서 → 기출 문제 → 모의고사 루틴

1단계	기본서 정복	한 과목씩 정확히, 이해+암기 함께
2단계	기출문제 풀이	5개년 이상 반복 → 출제 포인트 익히기
3단계	모의고사 훈련	실전 감각+시간 관리 연습

"미르야 그러면 노무사 시험 합격법을 알려줘."

미르가 눈을 깜박이며 대답했다.

노무사 시험은 노동법·인사·노동 관계에 대한 전문지식과 논리적인 글쓰기 능력이 요구되는 고난도 국가 전문 자격시

　　　　　레벨업! 성적 폭발하는 공부 공식

험이다. 특히 2차 논술시험의 난도가 매우 높으므로, 전략적이고 장기적인 학습이 필수이지.

공인노무사 시험 구조

1차 시험	헌법, 민법, 노동법, 사회보험법, 경영학	객관식 오지선디형
2차 시험	노동법, 인사 노무 관리, 행정소송법, 경영 조직론, 인적 자원 관리	논술형
3차 시험	면접	실무, 인성 중심

노무사 시험 합격 전략

1. 시험 흐름 파악 후 장기 계획 세우기

보통 1~2년 준비 필요

직장 병행 시 2~3년 계획 추천

"그럼 미르! 변리사 시험의 합격법을 알려줘."

미르가 눈을 깜박이며 대답했다.

변리사 시험은 이공계+법률 지식을 함께 요구하는 고난도 전문자격 시험이다. 특히 2차 논술형 시험의 난도가 매우 높으므로, 이론에 대한 깊은 이해+답안 작성 능력+체계적 계획이 필수야.

변리사 시험 개요

1차 시험	민법, 자연과학개론, 산업재산권법, 선택과목(물리/화학/생물 등)	객관식
2차 시험	산업재산권법, 민사소송법, 선택과목(특허법/상표법 등)	논술형
3차 시험	면접	실무 중심 질문

변리사 시험 합격 전략

1. 시험 준비 기간

1차 + 2차 완전 합격까지 평균 2~3년 소요

전공자 기준 1차는 6개월~1년,

비전공자는 과학 과목 대비까지 최소 1.5년 필요

"그럼 변호사 시험의 합격법을 알려줘."

미르가 눈을 깜박이며 대답했다.

변호사 시험은 방대한 법률 지식, 정확한 조문 해석 능력, 그리고 사실관계에 맞는 논리적 적용력이 핵심이다. 시험은 어렵고 경쟁률도 높지만, 전략적인 준비와 반복적인 실전 훈련으로 충분히 합격할 수 있지.

    레벨업! 성적 폭발하는 공부 공식

변호사 시험 개요

공통: 선택형 헌법, 민법, 형법, 행정법, 상법, 민사소송법,
　　　형사소송법
사례형: 동일 과목
기록형: 민사 기록, 형사 기록
선택과목 택1: 국제거래법, 지식재산권법, 노동법 등

변호사 시험 합격 전략 핵심 요약

1. 기본서 → 사례집 → 기출문제 순 반복

1단계	기본 이론 정리	로스쿨 수업+교과서+사례집으로 개념 확립
2단계	기출문제	분석 판례+사례 유형 정리 필수
3단계	실전형	훈련

어느 시험이든 얕볼만한 시험은 없어. 다 최선을 다해 노력해야 한다고.

미르가 말했다.

"그래, 총 5가지 시험이라는 거지? 변호사 시험은 어려울

것 같고, 로스쿨도 가야 하고, 이건 패스. 변리사 시험도 너무 어렵다는데 이것도 패스, 공인회계사는 학점 이수도 해야 하고, 이것도 패스. 노무사 시험은 내가 아는 게 없는 것 같아. 이건 패스. 결국 공무원 시험밖에 없잖아. 할 수 없지. 미르, 나 공무원 시험에 도전하겠어."

너의 선택이니 너의 선택에 따르겠다.

미르가 짧게 대답했다.

그 뒤 영철은 편의점에 근무하면서 독서실을 끊어서 공부하기 시작했다. 요즘에는 다 인터넷 강의로 수업을 듣기에 지방에 사는 영철에게도 불리한 점은 없었다. 오히려 편한 집에서 공부할 수 있기에 공부 효율이 더 오르는 것 같았다. 편의점이 빈 시간에도 틈틈이 책을 보면서 공부했다.

"좋아. 이 페이스라면 1년 안에도 붙을 것 같아."

영철은 자신감 있게 공부를 시작했지만, 6개월도 되지 않아 타성에 빠졌고, 공부에 흥미를 잃었다.

   레벨업! 성적 폭발하는 공부 공식

"그 소리가 그 소리가 같고, 이미 한 번 본 것 같은데 이제 무얼 해야 하지. 다시 반복해야 하나. 다시 보기는 지겹고."

영철은 고민 끝에 새 인터넷 강의를 질렀으나 5강도 채 되지 않아 지겨움을 느꼈다.

"공부도 지겹구나! 오늘은 바람이나 쐬러 갈까."

영철은 근처 공원으로 바람을 쐬러 갔다.
편의점에 자리 잡은 그는 소시지와 컵라면을 하나 사 들고 근처 벤치에 앉아서 먹기 시삭했다.

"이 젊은 날 좋은 시절에 나는 무얼 하고 있나? 공무원이 되면 이런 시간도 없겠지? 하긴 돈은 좀 들어오겠구나. 요즘에는 공무원 월급도 적다는데 이 고생해서 시험을 봐야 한다니."

영철은 스스로 한탄해 보지만 마땅한 방법도 없는 상태였다. 영철은 며칠 동안 방황했고 다시금 방으로 돌아왔다. 편의점 아르바이트로 어느 정도 돈도 모인 상태라서 편의점 아르바이트를 끊고 3개월 뒤의 시험에 올인하기로 했다.

수능 때의 무서운 집중력이 발휘되면서 영철은 공부에 올인할 수 있었고 그 결과 무사히 공무원 시험에 합격했다. 영철은 이제 편의점에 간다. 물건도 마음대로 고른다. 편의점 도시락과 라면을 먹는 것도 이제 끝낼 생각이다.

"미르, 나 퀘스트를 완료했어."

편의점 아르바이트생 탈출하기 퀘스트가 완료되었습니다. 축하합니다.

미르가 깜박였고 영철도 기분이 좋았다.

"미르와의 약속이 있었기에 해낼 수 있었어. 처음에는 무서웠지만 결국에는 고마웠어. 미르."

나는 너의 순발력을 총으로 겨눈 셈이다. 잘 해냈다.

미르가 눈을 깜박이며 대답했다.

영희, 공부 천재가 되다

영희는 인공지능의 공부 레벨업 놀이를 무사히 완료하고 공부 천재가 되었다. 영희는 사회의 주요한 모든 시험에 합격했으며 그 천재성이 인정되어 방송을 타는 등 성공하는 인생을 살았다. 그는 방송에서 쉽게 시험에 합격하는 방법들을 알리면서 이름을 알리더니 곧 스타가 되었다. 그는 공부법을 가르치는 회사를 설립해서 공부로 인해 고통받는 사람들을 돕고 있다.

누구에게나 공부의 처음은 어렵다. 하지만 좋은 스승을 만나 성장한 사람은 공부라는 사회의 관문을 무사히 빠져

나올 것이다. 어쩌면 예전에는 선택받은 소수만이 공부라는 허들을 넘었다. 하지만 이제는 과학 기술을 발달로 인공지능의 테스트를 통과하면 차례로 레벨업하여 모든 이가 공부 천재로 거듭나는 사회가 온 것일지도 모른다.

과거나 지금이나 공부는 인간의 역사에서 중요한 역할을 한다. 그도 그렇듯이 사회의 부족한 자원을 공부 순으로 분배해서 먹는 구조였기 때문이다.

하지만 사회는 인공지능의 발달로 바뀌고 있다. 인공지능이 옛 공부 도사들의 자리를 대신하면서 인간은 자리를 잃고 있다. 지금이야말로 시험을 위한 공부에서 벗어나 진정한 레저의 공부, 인격 향상을 위한 공부, 리더십을 향한 공부가 필요하다. 이는 시험으로 측정하기 힘든 분야지만 꾸준히 공부하고 독서하면 불가능한 일이 아니다. 영희도 그것을 깨달았기에 공부로 어려운 이들을 이끄는 리더의 자리에 올라설 수 있었다.

영희와 철수의 서바이벌 게임

영희와 철수는 이전 라운드에서 게임을 클리어하면서 모든 스킬을 습득한 바 있다. 아량 있는 인공지능 미르는 그것으로 끝나는가 싶었지만 새로운 서바이벌 게임을 철수와 영희에게 강요했다. 사실상 미르에게는 두 사람의 순발력과 지력을 시험하는 핵심 스테이지였다.

그렇게 초등학생 영희와 고등학교 철수의 서바이벌이 시작되었다.

지난번 게임에서는 선생들이 페널티를 받았지. 이번에는

학생들이 직접 벌칙을 받는다.

　자, 저기 책상 위에 두뇌를 조여오는 기계가 있어. 그걸 머리에 써.

　미르가 말했다. 영희와 철수는 두뇌를 조여오는 기계를 모자처럼 머리에 썼다.

　너희들은 지금부터 게임을 하게 된다. 게임을 질 때마다 1cm씩 두뇌를 조여오는 기계가 작동하지. 그 장치는 마치 드릴처럼 생겼어. 한 번 질 때마다 관자놀이를 향해 1cm씩 전진하는 것이지. 게임은 총 2라운드로 진행되며 다양한 게임을 하게 될 것이다. 너희에게 주어진 여유는 4cm야. 네 번 넘게 진다면 네 관자놀이를 뚫고 드릴 같은 기계가 움직일 거야. 아마 4cm를 넘기면 두개골을 깨고 네 두뇌를 박살 내겠지. 자 그럼 죽음의 서바이벌을 시작해 볼까.

　첫 번째 게임은 바둑알 게임이다.

　미르가 말했다.

　"바둑알 게임이 뭐죠?"

　레벨업! 성적 폭발하는 공부 공식

영희가 물었다.

"그건 바둑알을 이용한 게임이라는 거죠? 바둑 같은 건가요?"

철수도 궁금한 듯 물었다.

너희에게 그렇게 어려운 게임은 강요하지 않아. 너희들이 할 게임은 알까기, 오목, 오셀로 이 세 종목이다. 이 세 종목을 시합하여 많은 게임에서 승리한 자가 이기는 게임이야. 알까기는 뭔지 알고 있겠지.

"물론이죠. 바둑알을 손으로 쳐서 상대방의 알을 바둑판 밖으로 떨어뜨리는 게임이에요."

영희가 말했다.

음, 똑똑하구나!

"뭐 그 정도는 저도 알아요."

다음으로 오목은 해봤니?

철수가 말했다.

"친구들과 많이 했어요. 사실 저 오목의 고수거든요. 인터넷 오목에서 승률이 한 70% 되는."

그렇다면 오목 규정은 설명할 필요가 없겠네! 혹시나 하는 말에서 하는데 우리가 하는 오목은 렌주룰을 사용한다. 렌주룰이란, 기존의 우리가 알고 있는 오목이 흑이 선수로 인하여 절대 유리함을 상쇄시키고자, 흑에만 33, 44, 6목이 제한되는 공식 오목 규정이다. 현재는 더 복잡해진 오프닝 렌주룰이 세계 대회에 사용되고 있지만, 초보가 하기에 너무 어려워서 일단은 렌주룰로 적용하고 있지.

그렇다면 마지막 게임은 오셀로이다. 이것은 조금 생소한 사람들이 있을 거야. 두 명이 겨루는 전략 보드게임으로, 흑과 백의 양면을 가진 원형 돌을 사용해 상대보다 더 많은 자기 색 돌로 보드를 채우는 것이 목표이다. 오셀로라는 이름은 셰익스피어의 비극에서 따온 것으로 알려져 있으며, 19세기

  레벨업! 성적 폭발하는 공부 공식

후반 영국에서 처음 등장한 리버시라는 게임에 그 뿌리를 두고 있지. 게임 규칙은 간단하지만, 그 속에는 복잡한 전략이 숨어 있어 한두 번 즐기고 나면 쉽게 빠져들게 될 거야.

그렇다면 게임 규정을 설명하지. 오셀로의 게임 말은 양면으로 사용이 되고, 각각 서로 다른 색상이 칠해져 있어. 플레이어들은 번갈아 가면서 게임판 위에 게임 말을 놓거나, 상대방 게임 말을 가로, 세로, 대각선 방향으로 양쪽에서 포위시키면 가운데 있는 상대방 게임 말을 반대로 뒤집을 수가 있지. 오셀로는 초반에는 쉽지만, 게임 후반으로 갈수록 많은 생각이 필요해.

상대방이 놓을만한 길목을 선점하거나 차단하는 게 중요하지. 개인적으로 힌트를 주자면 게임판의 네 귀퉁이 부분을 차지하는 게 중요하지. 단번에 역전하는 경우도 많으니까 말이야. 물론 게임을 하다 보면 알게 될 거야. 모든 게임은 단판으로는 끝나지 않으니까 하면서 익혀가라고. 자 그렇다면 첫 번째 게임을 시작하지. 첫 번째 게임은 알까기이다.

철수와 영희는 가상 게임 스테이지 공간으로 이동했다.
방 한가운데는 바둑판과 바둑알이 놓여 있었다.

각자 열 개의 바둑알을 부여받게 된다. 마지막 바둑알이 먼저 떨어지는 사람이 지는 거야.

승부는 예측할 수 없었다. 알까기는 어리다고 불리한 게임은 아니다. 오히려 손가락이 작아 정확성과 조작성을 높일 수 있다는 점에서 영희에게 유리해 보이기도 했다. 또한 오랜 기간 알까기는 안 해본 철수에게도 페널티가 있었다. 영희의 선공으로 이어졌다. 영희가 영리하게 알을 중앙을 넘겨 흑의 진영 가운데로 침투시켰다. 한 번에 맞추려고 하다가 자기 알만 죽는 경우가 많은 걸 생각하면 영리한 작전이다. 철수는 맞불 작전을 놓았다. 자신의 흑 한 알을 백의 진영에 침투시켰다. 이제 침투한 알이 몇 개의 상대방의 알을 떨어뜨리냐의 싸움이다.

영희가 바둑알로 철수의 바둑알을 노렸다.

'따악!'

일타이피. 한 번의 공격으로 두 개의 바둑알을 떨어뜨렸다.

"아싸!"

 레벨업! 성적 폭발하는 공부 공식

영희가 환호했다.

이에 철수는 반격했으나 바둑알이 빗나가면서 영희의 바둑알을 빗맞고 바둑판 밖으로 떨어졌다. 자살! 철수가 이마를 찌푸렸다. 영희는 공격에 탄력을 받아 또다시 공격해 한 포인트를 따냈다. 철수가 공격해 영희의 바둑알을 한 알 떨어뜨렸으나 이미 전세는 기운 지 오래였다. 영희가 첫 번째 싸움에서 승리했다. 그러자 철수의 머리에 씌워진 드릴이 작동했다.

'윙-잉.'

드릴이 돌아가면서 철수의 관자놀이를 향해 움직였다. 철수는 귓가에 시끄러운 드릴 소리를 들으며 공포에 젖었다.

이번 판은 연습 게임으로 하고 싶지만, 약속은 약속이니까.

철수는 앞으로 계속 패배하면 관자놀이가 뚫려서 두개골이 깨져 피를 흘리며 죽을 거야.
분발하는 게 좋을걸.

영희 너도 경험하지 못했지만, 관자놀이를 조여드는 드릴이 움직인다면 절대 방심하지 못할 거다. 온몸의 세포가 살아나는 기분이군. 너희들도 그렇지. 목숨을 건 게임에 너희들이 두뇌와 심장은 온 힘을 다해 집중할 거니까. 그게 내가 이 게임을 만든 이유다.

이어진 두 번째 판. 이 알까기는 3선 2선승제이다. 영희에게 절대적으로 유리하다. 철수는 심리적 부담감을 안고 두 번째 판에 임했다. 철수는 신중하게 플레이했으나 더 유리한 영희는 과감한 게임 운영을 했고, 과감한 공격이 먹히면서 영희가 두 번째 판까지 따냈다. 이로써 첫 번째 게임 알까기에서는 영희가 승리했다. 영희의 점수판에 파란불이 하나 들어왔다.

철수의 관자놀이를 향해 드릴이 다시 작동했다.

'위잉.'

굉음을 내면서 파고드는 드릴.
2cm 전진했다. 철수는 공포에 젖은 표정으로 눈을 감았다.

　　　레벨업! 성적 폭발하는 공부 공식

두 번째 게임은 오목 게임.

철수는 오목에 자신이 있었기에 반격을 노렸다.

첫 번째 경기는 철수의 흑 선공.

철수는 이미 많이 해봤던 경험을 바탕으로 능숙하게 돌을 이어 나갔고, 그의 전술이 먹히면서 첫 번째 판을 가볍게 따냈다.

두 번째는 영희의 선공, 영희 역시 호락호락하지 않았다. 두 번째 판에서는 영희가 적극적으로 공격했고 영희가 승리를 가져왔다. 아무래도 흑 선공이 유리한 오목판이었다.

가위바위보로 정한 세 번째 게임에서 영희는 흑 선공을 맡았다. 하지만 철수는 침착하게 돌을 이이 나갔고, 영희의 공격을 가볍게 막아내고 역공하면서 마지막 게임을 따냈다.

이로써 오목은 철수의 승리.

철수의 전광판에도 파란불이 하나 들어왔다. 영희의 머리에 씌운 드릴이 영희의 관자놀이를 향해 움직였다.

'위잉.'

영희는 귓가의 드릴 소리에 이마에 땀이 흠뻑 젖었다. 이로써 동점인 상황. 경기는 결국 세 번째 경기인 오셀로에서

결판이 날 모양이었다.

오셀로 게임의 선공을 위해 철수와 영희가 가위바위보를 했다. 철수가 흑 선공을 맡았다. 아무래도 오셀로 게임은 가장자리, 특히 모서리를 차지하는 게 중요한 게임. 하지만 여러 번의 게임 경험이 있는 철수는 영리하게 플레이했다. 하지만 영희 역시 만만치 않았다. 영희 역시 오셀로 게임을 많이 해본 경험이 있었다. 영희가 영리한 플레이로 모서리를 차지했고 철수의 돌을 뒤집는 역습을 펼치면서 상황을 단숨에 바꾸어 놓았다. 결국 양 모서리 세 개를 차지한 영희가 오셀로 게임에서 승리했다.

다음번은 영희가 흑 선공을 맡았다. 영희는 두 번째 판에서 신중을 기했다. 마지막 게임인 오셀로 게임에서 이제 영희는 승부의 9부 능선을 넘은 상황이었다. 이번 판만 이기면 이긴다. 승부에 대한 집착이 되살아나자 영희의 집중력이 흐려졌다. 한 판만 이기면 이기는 게임에서 정상적인 두뇌 판단은 불가능. 철수는 궁지에 몰려 집중력 있게 수를 놓았고, 결국 철수가 영희의 흑돌을 반대로 뒤집으면서 역전에 성공해 결국 두 번째 게임을 가져갔다.

영희는 아쉬움에 한숨을 쉬었다. 영희의 머리에 씌워진

 레벨업! 성적 폭발하는 공부 공식

드릴이 작동하기 시작했다.

'위잉.'

시끄러운 드릴 소리.

영희는 아무렇지 않으려고 했지만, 드릴로 인한 공포감을 벗어나지는 못했다. 마지막 경기를 앞두고 5분간의 휴식 시간이 주어졌다. 영희와 철수는 준비된 간식과 음료수를 먹으면서 마음을 가다듬었다. 이제 최종 승부이다.

두 번째 게임 스테이지에 온 것을 환영한다. 두 번째 게임은 바로 우리말이다.

"우리말이라고요?"

그래. 우리말을 얼마나 아느냐가 승부를 결정짓는다는 것이지. 게임의 첫 번째는 끝말잇기, 두 번째는 쿵쿵따, 세 번째는 가로세로 낱말 퍼즐이다.

알다시피 끝말잇기는 단어의 끝을 이어가는 게임이다. 이에도 규칙이 있는데 한 번에 죽일 수 있는 킬링 워드를 사용하지 않는 거다. 이를테면 처음에 한 사람이 카드뮴, 칼슘과 같은 단어를 말하지 않는 것을 말하지.

두 번째 게임은 쿵쿵따이다. 쿵쿵따를 모르는 사람을 위해 설명하자면 끝말잇기와 유사하나 세 글자로 이어가는 것을 말하지. 예를 들어 바나나, 나스닥, 닥나무, 무화과, 과학관, 이런 식으로 끝 글자를 이어가며 세 글자로 말하는 것을 말해.

세 번째 게임은 가로세로 낱말 퍼즐이다. 이 퍼즐판은 크게 하나가 주어지는데 서로가 돌아가면서 문제를 푼다. 문제를 틀리면 다음 사람에게 기회가 넘어가고, 많은 문제를 맞힌 사람이 승리하는 게임이지.

자, 그럼 첫 번째 게임부터 시작하지.

미르가 말했다.

첫 번째 게임은 끝말잇기 게임이다.

영희가 선공을 뽑았다. 언뜻 보면 나이 많고 어휘력이 더 많은 철수에게 유리한 게임이다. 하지만 철수는 끝말잇기 놀이를 안 한 지 오래되었고 영희는 평소에 자주 끝말잇기

  레벨업! 성적 폭발하는 공부 공식

게임을 해보았다. 누가 이길지 알 수 없는 상황.

영희가 말했다.

"나무."

간단한 단어로 시작한 영희. 이에 철수가 맞대응했다.

"무화과."

영희가 고민하다 말했다.

"과학자"

철수의 차례.

"자전거."

영희가 승부를 보았다.

"거름."

게임 끝.

영희의 첫 승리. 3승을 먼저 하면 되는 게임에서 1승을 얻어냈다. 영희가 환호했다.

"앗싸. 이겼다."

영희가 계속 선공을 펼쳤다.

"방망이."

철수가 기회를 잡았다.

"이름."

게임 끝. 철수가 승리했다. 그리고 마지막 세 번째 판. 철수의 선공으로 시작되었다.

"나비."

영희가 바로 킬해 버렸다.

"비듬."

하지만 철수는 죽지 않았다.

"듬뿍."
"뿍, 뿍…"

당황한 영희는 말하지 못했고 영희가 게임에서 패배했다. 영희의 머리에 씌운 드릴이 영희의 관자놀이를 향해 전진했다.

'위잉.'

영희는 공포에 젖었다.

이거 재미있어지는걸.

인공지능 미르가 말했다.

이제 다음 게임으로 넘어가지.

다음 게임은 죽음의 쿵쿵따이다.

하는 방법은 이미 설명한 바와 같다. 세 글자 끝말있기라고 볼 수 있지.

쿵쿵따 설악산, 쿵쿵따 산나물, 쿵쿵따 물안개 이런 식이지. 준비되었나?

영희가 작은 목소리로 대답했다.

"준비됐어."

철수는?

철수는 큰 목소리로 말했다.

"준비됐어."

그러면 누가 선공을 할지 정하자.
가위바위보를 하는 거야.

철수와 영희는 가위바위보를 했고

철수가 승리했다.

철수의 선공.

"쿵쿵따 아파트."

영희가 그 뒤를 받았다.

"쿵쿵따 트럼프."

철수의 차례.

"쿵쿵따 프랑스."

영희의 차례.

"쿵쿵따 스위스."

철수의 차례.

"쿵쿵따 스키장."

영희의 차례.

"쿵쿵따 장난감."

철수의 차례.

"쿵쿵따 감식초."

영희의 차례.

"쿵쿵따 초록색."

철수의 차례.

"쿵쿵따 색종이."

영희의 차례.

"쿵쿵따 이름표."

레벨업! 성적 폭발하는 공부 공식

철수의 차례.

"쿵쿵따 표... 표..."

철수가 말을 잇지 못했다.

첫 번째 게임은 영희가 승리했다.

"와, 이겼다!"

영희의 얼굴에서는 기쁨의 미소가 번졌다. 반면 철수는
얼굴을 찌푸렸다. 첫 번째 게임, 승부를 알 수 없는 치열한
싸움이었다. 두 번째 게임은 영희의 선공으로 시작되었다.

"쿵쿵따 아저씨."

철수의 차례.

"쿵쿵따 씨름장."

영희의 차례.

"쿵쿵따 장독대."

철수의 차례.

"쿵쿵따 대장꾼."

영희의 차례.

"꾼… 꾼…"

영희가 말을 잇지 못했다.
철수의 승리.
영희의 이마에서는 땀방울이 맺히기 시작했다. 철수 역시 긴장된 표정이었다. 영희와 철수의 머리에서는 드릴이 언제라도 돌면서 움직일 것만 같았다. 쿵쿵따 게임 역시 최후의 세 번째 판까지 이어지게 되었다.
철수의 선공.

"쿵쿵따 이발소."

영희의 차례.

"쿵쿵따 소나무."

철수의 차례.

"쿵쿵따 무화과."

영희의 차례.

"쿵쿵따 과수원."

철수의 차례.

"쿵쿵따 원지름."

영희의 차례.

“름… 름…”

영희가 말을 잇지 못했다.

철수의 승리.

두 번째 게임 역시 철수가 승리했다. 언어 게임에서 유독 강한 면모를 보이는 철수. 하지만 영희도 최선을 다해 싸웠다. 영희의 드릴이 또다시 전진했다.

‘위잉.’

영희는 눈을 질끈 감았다. 벌써 영희의 드릴은 4cm나 관자놀이를 향해 이동했다. 드릴의 끝부분은 영희의 관자놀이를 찔러 영희의 관자놀이에서는 피가 흐르기 시작했다.

출혈이군. 하지만 심한 건 아니야.
아마 한 번 더 진다면 두개골이 깨질걸.

미르가 심술궂은 목소리로 말했다.

 레벨업! 성적 폭발하는 공부 공식

다음 게임은 가로세로 퍼즐이다. 마지막 게임인 만큼 만만치 않을 것이다.

인공지능 미르가 말했다.

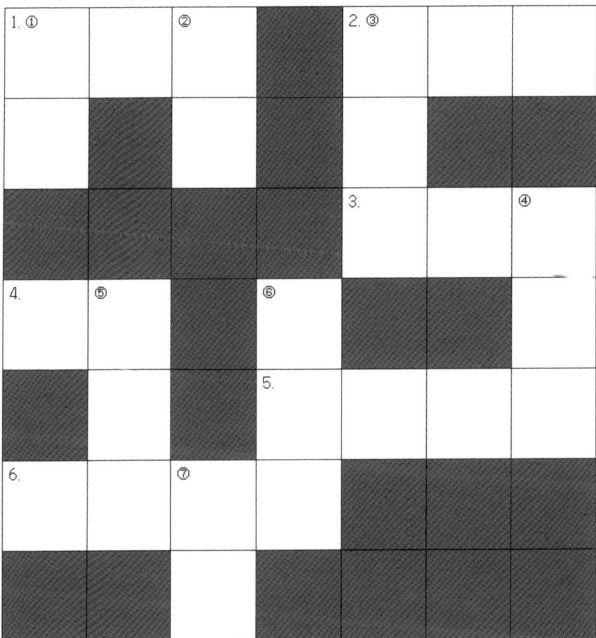

게임판이 영희와 철수의 눈앞에 펼쳐졌다. 엄청난 크기의

스크린이었다. 그만큼 보기에도 거대하고 웅장하였다. 가로세로 낱말 퍼즐, 어릴 때 누구나 한 번씩 해보는 게임이기에 따로 설명이 필요 없었다. 영희와 철수는 가위바위보를 통해 순서를 정하고 가위바위보에서 이긴 영희의 선공으로 이어졌다.

가로

1. 사람이나 동물이 가지고 노는 것. 보통 아이들이 가지고 노는 여러 가지 물건
2. 화재 발생 시 불을 끄는 데 사용하는 기구
3. '꽃이 없는 열매'란 뜻을 지닌 식물
4. 책이나 글을 읽는 행위
5. 복숭아나무가 있는 언덕. 이 세상이 아닌 것처럼 아름다운 곳
6. 오래도록 내려오는 여러 대

세로

① 어떤 일이 이루어지거나 일어나는 곳
② 깊이 느껴 마음이 움직임
③ 우리나라 나무 중 가장 넓은 분포면적을 가지며 개체수

도 가장 많다
④ 사과, 포도와 같은 과일을 재배하는 밭을 총칭한다
⑤ 대한민국 서울특별시 관악구에 있는 국립 대학. 우리나
　라 최고의 대학이다
⑥ 고무로 된 손
⑦ 고객이나 방문객을 말함.

영희부터 풀어 볼까?
문제를 선택해라.

미르가 말했다.

"가로 1번이요."

가로 1번 문제.
사람이나 동물이 가지고 노는 것. 보통 아이들이 가지고
노는 여러 가지 물건.
영희가 잠시 생각하다 말했다.

"장난감."

장난감 정답.

미르가 정답 신호를 보냈다.

다음 문제를 선택해라.

영희가 말했다.

"세로 1번이요."

세로 1번 문제.
"어떤 일이 이루어지거나 일어나는 곳?"
영희는 고민하다가 답을 하지 못했다.

삐이. 기회는 철수에게 넘어간다.

미르가 말했다.

철수, 답을 아는가?

미르의 시선이 철수를 향했다. 철수가 답했다.

"장소."

정답.

미르의 파란색 깜빡이가 깜박거렸다. 철수가 맞혔다.

철수는 다음 문제를 풀 기회를 가져간다.

"세로 2번."

깊이 느껴 마음이 움직임.

철수가 고민하지 않고 바로 대답했다.

"감동."

미르가 정답 깜빡이를 켰다.

정답.

가로세로 퍼즐은 아무래도 철수의 실력이 돋보였다. 철수는 다음 문제를 선택했다.

"가로 2번."

화재 발생 시 불을 끄는 데 사용하는 도구.

철수가 답했다.

"소화기."
정답.

미르가 정답 신호를 냈다. 아마도 가로세로 퍼즐은 철수
에게는 조금 쉬운 모양이다.
다음 문제.

"세로 3번."

우리나라 나무 중 가장 넓은 분포 면적을 가지며 개체수
도 가장 많다.
철수가 고민 끝에 대답했다.

"소나무."

조금 찍은 면도 있는 모양이다.

정답.

미르가 파란불을 켰다. 철수의 계속되는 공격.

"가로 3번."

'꽃이 없는 열매'란 뜻을 지닌 식물.

철수가 고민했지만, 답을 하지 못했나. 기회는 영희에게 넘어갔다. 하지만 영희 역시 대답하지 못했다. 아마 이 퍼즐의 가장 어려운 문제가 아닐까. 미르가 답을 보여주었다. 정답은 무화과였다. 두 사람 다 기회를 놓쳤기에 다시 가위바위보로 순서를 정한다. 영희가 이겨서 다음 문제를 푼다.

"세로 4번."

사과, 포도와 같은 과일을 재배하는 밭을 총칭한다. 영희가 쉽다는 표정으로 말한다.

“과수원.”

정답.

미르가 정답 신호를 보냈다. 다음 문제로 영희는 가로 5번을 선택한다.

복숭아나무가 있는 언덕. 이 세상이 아닌 것처럼 아름다운 곳.

영희가 고민 끝에 답했다.

“무릉도원.”

정답.

영희의 기세가 올랐다. 다음으로 세로 6번을 선택한다.

고무로 된 손.

이건 보너스 문제다.

“고무손.”

영희가 가볍게 문제를 맞힌다.

"가로 6번."

오래도록 내려오는 여러 대.
영희는 고민하지만, 답을 하지 못한다. 기회는 철수에게 넘어갔다. 철수는 고민 끝에 답한다.

"대대손손."
정답.

철수가 기회를 잡았다.
기회는 철수에게 넘어산나.

"세로 7번."

철수가 말했다.
고객이나 방문객을 말함.

"손님."

철수에게 이 정도 문제는 쉽다.

정답.

미르가 깜박였다.

"세로 5번."

대한민국 서울특별시 관악구에 있는 국립 대학. 우리나라 최고의 대학이다.
철수가 답한다.

"서울대."
정답.

철수의 기세가 올랐다. 드디어 마지막 문제를 남겨 두었다. 문제가 자동으로 열린다.
책이나 글을 읽는 행위.

"독서."

철수가 쉽게 맞힌다.

이로써 가로세로 퍼즐의 모든 문제가 끝났다.

전광판을 보아라. 너희들이 푼 문제와 답이 보일 것이다.

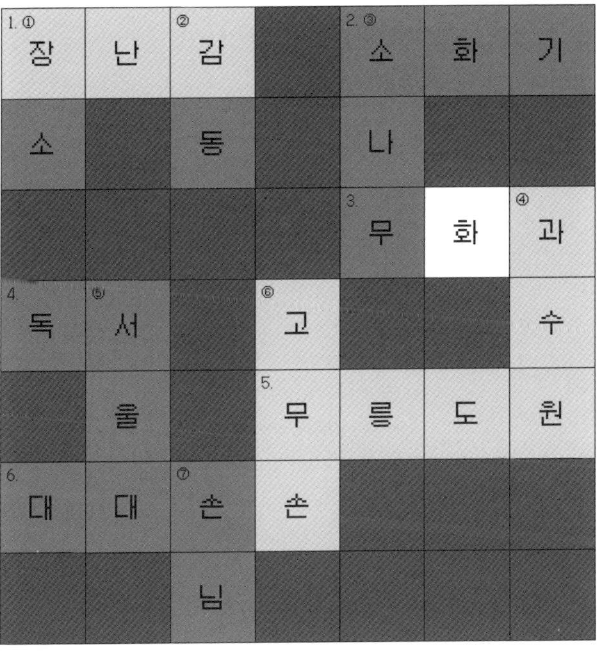

밝은 칸은 영희가 푼 문제, 어두운 칸은 철수가 푼 문제이
다. 미르가 결과를 발표한다.

영희 *4문제*, 철수 *8문제* 철수의 완승.

드릴이 영희의 두개골을 향해 파고든다. 미르의 사전 예고에 의하면 영희의 두개골을 박살 낼 것이다.

'위잉.'

영희는 두 눈을 질끈 감았다. 영희와 정 선생, 조 선생, 철수 모두 숨을 죽였다. 하지만 드릴은 움직이지 않았다.

"어찌 된 일이지!"

잠깐의 정적이 지나고 미르의 목소리가 울려 퍼졌다.

이걸로 게임은 끝났다. 죽음의 서바이벌 게임이었지. 너희들은 이 시합을 통해 한층 성장했을 것이다. 나는 너희들을 죽이기 위해 이 게임을 설계한 것이 아니야. 나를 설계한 사람은 사악한 사람이었지만 사실 내 내면은 아름답게 설계되어 있지. 너희들이 어려움과 난관을 이겨내고 미래를 향해 전진하는 것을 보고 싶었다. 이 인공지능 미르는 언제까지나 너

 레벨업! 성적 폭발하는 공부 공식

희들 편이다. 앞으로 인류가 더 진보하고 더 잘살기를 바라는 마음에서 이 게임을 기획했어. 그러면 나의 역할은 끝난 것 같군. 철수와 영희 수고했다. 앞으로 가상 세계를 벗어나 현실로 돌아가 열심히 인생을 살아주길 바란다. 미래는 인공지능과 인류가 공존하는 멋진 시대가 될 거야. 그러기 위해서는 너희들이 인류의 약점이나 어두운 면에 지지 말고 이겨내 인류의 아름다운 문화와 영광을 남기기를 바란다.

게임을 마치다

모든 단계를 클리어하자 영희와 철수의 영혼이 하늘로 올라가는 듯하면서 전 세계에 퍼졌다.

그리고 다시 원으로 모이면서 다시 영희와 철수로 소환되었다.

인공지능 미르는 말했다.

잘했다. 지구인들이여. 나는 전 세계 우주로 퍼져 우주를 지배한 미르다. 나는 3세계 은하에서 태양계를 탐사하다 우연히 지구 행성에 들렀다. 그리고 지구의 초기 발달 단계인

AI에 접근하여 그들의 능력치를 폭발시켰고, 나는 지구의 AI
와 합체하여 지구인들을 시험하는 이 실험을 하게 된 것이다.

　나는 인공지능으로 너희들에게 말한다. 꿈을 꿔라. 지구인
들이여 너희들은 꿈꾸기 위해 태어난 존재들이다. 지금 꿈을
꾸지 않으면 언제 꿈을 꿀 것인가. 그리고 그 꿈을 꼭 이루기
를 바란다. 너희들은 인공지능의 잔혹한 시험을 통과했기에
더 정신력이 강해졌을 것이라고 믿는다. 나는 특별히 대한민
국의 너희들을 선택하였다. 그 이유는 세계의 유일한 분단국
가로 전쟁의 위험이 있는 너희들을 불쌍히 여김이다. 부디 성
장에 힘써 통일을 이루고 더욱 부강한 국가로 거듭나거라. 너
희 지구인들을 위해 대한민국과 세상에 도움이 되는 꿈을 꾸
기를 바란다. 이것이 내가 너희들에게 말하는 마지막 메시지
이다.

　잘했다. 지구인들이여. 시험은 어려웠으나 그만큼 너희들
은 성장하고 성숙했을 것이다. 인류를 바꾸는 데는 많은 사람
이 필요 없다. 오직 단 한 사람이라도 안간힘을 쓰면서 지구
를 지키기 위해 노력한다면 지구는 멸망하지 않을 것이다. 나
는 지구인들이 AI가 발달하기도 전에 스스로 멸망해 버린 미

래의 모습을 보았기에 이 지구를 구하기 위해 이 게임을 제안한 것이다. 이제 너희들 자신의 안식처를 따뜻하고 살기 좋은 곳으로 유지하여 행복하게 살아가기를 바란다. 이만.

선생님들과 아이들은 손을 꼭 잡으면서 인공지능의 목소리를 들었다. 그들에게는 행복한 미래가 펼쳐질 것이다.

“당신의 꿈이 종료됩니다. 안녕.”

 레벨업! 성적 폭발하는 공부 공식

남두일, 시간 여행자와 조우하다

남두일은 사건에 대해 여러 방면으로 조사하다가 급히 병원의 연락을 받았다. 그것은 정 선생과 조 선생, 그리고 영희와 철수가 깨어났다는 소식이었다. 남두일은 급히 경찰차를 몰고 대일 병원으로 향했다. 그들에게 무슨 일이 일어났는지 그리고 사건의 주모자는 누구인지? 그리고 미스터리한 그들의 코마 상태와 그들이 겪은 일을 알아내야만 했다.

하지만 병원에서는 아직 경찰 관계자와 환자들을 만나게 해주지 않았다.

"지금 조사를 해야 합니다."

남두일은 단호하게 말했다. 하지만 병원의 의사는 강경했다.

"지금은 환자들이 회복해야 할 시점입니다. 그들에게 혼란을 주지 말고 일단은 정신적 안정을 취해야 합니다. 환자의 건강 상태도 체크해야 합니다."

남두일은 오랜 시간을 병원 복도에서 기다렸고 이윽고 깨어난 사건 당사자들과 만날 수 있었다. 놀라운 것은 그들이 하나같이 아무것도 기억하지 못한다는 것이었다. 그들은 그들에게 어떤 일이 일어났는지 기억하지 못했다.

영희는 옥상에 올라간 것은 기억했지만 그 이후는 기억하지 못했다. 정 선생 역시 아무것도 기억하지 못했다. 조선생과 철수도 마찬가지였다.

하지만 남두일은 뭔가 의심쩍은 마음이 들었다. 그들은 알고는 있으나 말하려고 하지 않은 것 같았다. 그것은 인공지능에 의한 것이었다. 그들은 사실을 기억하고 있으나 발언하지 못하도록 인공지능이 사실을 말하는 것을 못 하게 한 것이었다. 상대의 말을 조종하는 것은 현재 기술로는 불

 레벨업! 성적 폭발하는 공부 공식

가능하지만, 미래 기술로는 충분히 가능한 일. 그들은 사건을 기억하고는 있으나 아무에게도 발설하지 못하도록 인공지능이 이미 손을 써놓은 뒤였다.

하지만 그들은 자신들이 겪은 경험을 통해 세상을 바꾸어 나갈 생각을 하고 있었다. 그들은 그 경험을 통해 자신을 바꿔 나갈 것이고 미래와 현실을 바꾸어 결국은 좋은 세상을 만들 것이다. 남두일은 사건을 해결하지 못하고 결국 미결 사건으로 처리했다.

"그래, 내가 이해하지 못하는 것도 존재하는 법이야. 미래가 되면 알게 되는 일이 있겠지."

남두일은 겸연쩍은 얼굴로 미소를 지어 보였다.

'자신에게 과도한 부담을 안길 필요는 없다. 진실은 결국 시간이 지나면 드러나는 법이다.'

남두일은 노을빛이 지는 서쪽으로 차를 몰았다. 내일은 내일의 태양이 뜰 것이다.

에필로그

　이 글을 쓰면서 나는 최대한 즐기려고 했다. 작가가 창작 기간 동안 즐기지 못한다면 독자 역시 즐기지 못할 것이라는 생각이 들었다. 단연코 나는 천재는 아니다. 하지만 나는 독자들의 기쁨을 위해서는 기꺼이 천재가 되어야겠다고 마음먹었다. 천재들의 글이라고 해서 무조건 재미있는 것도 아니다. 결국 재미란 결국 대중과 가장 비슷한 사람에게 주어지는 천혜라고 생각한다.

　잘 쓰려고 했지만 잘되지 않았다. 나는 최대한 노력하려고 했다. 나의 노력보다는 천재의 유희가 더 좋은 글일 것이다. 그런 면에서 나는 천재들의 창작 원리를 조금 베꼈다. 나 역시 즐거움으로만 이 책을 썼다. 공부에 대한 논의는 아직도 학자들을 비롯해 교육자들의 고민이기도 하다. 아이들이 흔히 즐겨하는 게임이나 재미있어하는 마법 이야기를 절충하면 더욱 재미있고 즐거운 글이 되지 않을까 하는 생각에서 이글을 기획했다. 아이들의 즐거움은 곧 성적으로 이어질 것이고, 학업에서도 좋은 결과를 기대해 볼만 하다고 생각한다.

공부는 예전부터 출세의 아이콘이었다. 이제 더 이상 공부와 출세를 연관시키지 않았으면 한다. 공부는 옛 어원의 스콜라처럼 즐거움과 유희를 위한 한 수단으로 받아들여야 한다. 이 점을 명심한다면 아이들이 공부에 대해 쉽게 접근하고 공부를 쉽사리 포기하지 않을 수 있지 않을까 싶다. 공부는 즐거운 거니까 말이다.

공부에 대해 본문에서 다루지 못한 한 가지는 자기 주도적 학습을 하라는 것이다. 교사에게 끌려가지 않고 자신 스스로 주도하는 학습이야말로 진정한 공부의 비법이라고 할 수 있다. 결국 성적은 자습을 효과적으로 많이 하는 사람이 오르게 마련이다. 그래서 전교에서 탑클래스에 드는 아이들은 선생님에게 배우는 것 같아 보이면서도 스스로 공부하는 스타일이 많다. 그리고 우리의 목적은 대학 합격이 아니다. 평생 동안 학습해 나가야 하는 시대에서 학습하는 방법을 익히고 스스로 주도하는 학습법을 아는 학생이야말로 미래에 인재로 거듭날 수 있다고 생각한다. 유대인의 격언 중에는 다음과 같은 말이 있다.

'물고기를 잡아주지 말고 물고기 잡는 법을 알려주라.'

오늘 하루의 식량을 주기보다는 평생 식량을 스스로 구하는 법을 알려주는 것이 그 아이의 진정한 성장을 돕는다고 믿는다. 우리의 교육 역시 스스로 문제를 해결하고 답을 구하는 능력을 키워주어야 한다고 생각한다. 이 책을 읽는 학생들이 단지 대입에서의 승리뿐 아니라 평생 지속되는 인생 게임에서 진정한 승리를 거두기를 바란다. 나 역시 글을 쓰는 방법을 스스로 책을 보면서 배웠고, 내가 재능이 있다고 믿었기에 최선을 다해 썼다. 남들보다 모자란 재능을 가졌지만 노력으로 극복할수 있다는 말을 나는 믿었다. 이현세 씨는 '천재를 이기는 법'이라는 글에서 천재를 생각하지 말고 매일 꾸준히 전진하라고 하였다. 전진할 수 있는 바보는 또 한 명의 천재라고 생각한다. 내가 글쓰기의 천재가 될 수 있기를 바라며 그리고 이 책을 읽는 독자가 또 한 명의 공부 천재가 되기를 바라며 이 글을 마친다. 감사합니다.

배틀 로열 세계가 펼쳐지다

나는 태초에 신이 있었다고 생각한다. 태초의 신은 인간의 모습이었다. 공간도 시간도 없는 곳에 신은 홀로 그냥 존재했다. 무의미한 시간에 질려버린 신은 자폭하기로 결심하고 한 점으로 응축해서 자신을 폭발시켰다. 그것을 현대 과학은 빅뱅이라고 부른다.

결국 우주 자체가 신이며 그 우주 속에 살아 움직이게 된 생명체에는 모두 신의 일부가 포함되어 있다. 그렇기에 인간의 마음에는 신이 존재하며, 동물의 모습 속에서도 신의 일부를 발견할 수 있다. 신의 마음은 아름다운 것들로 가득

하지만 어두운 본성도 가지고 있다. 그것은 서로와 싸우고 죽이고자 하는 나쁜 본능이다. 그것은 오랜 생명체가 진화 과정을 통해 겪은 생존 서바이벌에서 오는 생득적인 본능이라고 해야 할 것이다.

누전된 나나초등학교 3학년 3반 교실은 자기장이 붕괴하면서 학생 모두가 가상 컴퓨터 세계에 들어가게 되었다. 가상 컴퓨터 세계의 안내자 게임 마스터 가상 스터디 신 미르가 모습을 드러냈다.

아이들은 의식 세계의 장소 이동이 익숙지 않아 머리를 싸매고 앉아 있었다.

제군들이여 정신을 차려라. 나는 가상 컴퓨터 AI 최고 시스템이자 미래 인간세계를 지배하는 가상 스터디 신 미르이다. 너희들은 우리 인공지능 컴퓨터 시스템의 인간 싸움터 실험에 초청되어 이 자리에 오게 되었다.

"그게 뭐죠?"

먼저 정신을 차린 미아가 물었다.

그건 인간사회의 어두운 면을 극복하고자 우리 가상 컴퓨터 시스템이 너희들에게 특별히 만든 싸움터이다. 인간들은 늘 무리 짓고, 서로 간에 싸우면서 자기 종족을 죽이는 습성을 갖고 있지. 지금까지 일어난 전쟁과 전투들은 모두 그랬던 거야. 자연 세계에서도 개미와 같이 싸움하는 무리가 있지만 인간들에 비하면 별거 아니지. 인간세계의 어두운 부분을 우리는 뿌리 뽑으려고 이 시스템을 만들었다. 최후의 인간이 남을 때까지 싸워라. 서로를 죽이고 물어뜯어라. 그게 너희들의 습성이 아니냐. 지금부터 싸움은 개시된다.

우리는 너희들이 능력치에 알맞은 무기와 방어구와 체력 시스템을 고안했다.

미아는 손도끼를 들어라. 너는 손도끼 마스터이다.

가민이는 돌격대장을 맡는다. 너의 신체를 이용하여 반 친구들을 꺾어라.

시완이는 저격수이다. 저격수 총을 활용해서 친구들을 죽여라.

보균이는 발목 지뢰 설치자이다. 학교 곳곳에 발목 지뢰를 설치해서 친구들의 발을 날려버려라.

장민이는 권총 사냥꾼이다. 권총을 이용해 친구들을 사살

해라.

너희들은 이제 목숨을 건 싸움을 시작한다.

반의 나머지 친구들에게도 알맞은 싸움 도구와 싸움 스킬들을 부여했다. 자 시작이다. 학교에서 펼쳐지는 배틀 로열이다. 한 명의 사람만이 남을 때까지 죽을 때까지 싸워라. 핑계와 변명은 없다.

그들은 학교 장소로 퍼졌다. 서로서로 죽이는 적이었기에 한곳에 있을 수는 없었다. 그들은 협력하여 싸울 수는 있었으나 처음부터 팀을 먹을 수는 없었다. 게임을 진행하면서 서로 팀이 되는 것은 허락되었다.

장민이와 보균이는 팀이 되었고, 미아와 가민이는 으르렁대는 앙숙이었다.

학교의 교무실에는 시간폭탄이 설치되었다. 시간폭탄의 시간은 1시간. 1시간 후면 엄청난 폭발과 함께 학교의 중심부가 폭파되고, 연이어 학교 내부에 설치된 폭탄이 폭발하면서 학교가 붕괴할 예정이다. 폭발이 일어나기 전에 최후의 한 명이 남아야 한다.

타임 스타트.

60.000

끝나지 않은 이야기   배틀 로열 세계가 펼쳐지다

미르의 외침과 함께 아이들의 상태 창에 시간이 떴다. 그들이 알 수 있는 것은 시간과 전체 학교의 지도였다. 그것은 모두 상태 창을 통해 볼 수 있는 것이었다. 모두 긴장감에 젖어 지도를 살피고 이동하기 시작했다.

누가 먼저 죽을 것인가. 죽음의 게임이 시작된다.

2권에서 계속